Silvia Paola Mussini

Lui Sa
nel
Grande Disegno

ISBN-13: 978-1519375889
ISBN-10: 1519375883

PREFAZIONE

Cara Silvia,
scrivo volentieri una presentazione di questo libro inconsueto.

Te ne sono grata perché mi hai messo ancora una volta di fronte alla straordinarietà della Vita pur nel suo complesso dolore.

La Vita, la Morte. Cos'è la Vita, cos'è la Morte… Parole che ci accompagnano nel nostro divenire, parole che cullano la nostra esistenza, sempre alla ricerca del loro senso…

Viviamo ogni giorno l'investigazione del significato di queste parole, che compongono il *leit motiv* che ci conduce a Dio, al Tutto, al Grande Architetto.

Credo nella straordinarietà della Vita che ci conduce alla Vita Vera, quella che ci attende dopo l'ultimo dei nostri respiri. Ma cosa è un respiro?

Un'onda che si infrange sulla spiaggia, un'altra ancora, un'altra ancora, un'onda che ci porta giorno dopo giorno alla nostra meta: la Sabbia che ci accoglie.

Attraversiamo il Mare della Vita su una zattera che speriamo sempre possa portarci a quella Riva tanto anelata.

Amo la Vita ed amo, ancor di più, la Morte, entrambe facce della stessa medaglia: Lui…

Non potremmo comprendere il senso della *morte* se non vivendo appieno i nostri giorni, giorni che si inseguono, che si intrecciano con i giorni di chi amiamo, di chi non tolleriamo, di chi come noi è alla ricerca del perché, del chi, dell'essere.

Una profonda nostalgia accompagna questi respiri, che danzano con i ben contati battiti del nostro cuore.

Sostiamo nella vita, cercando la strada giusta per impregnare tutto il nostro essere di quella Luce di cui tanto, consciamente o no, sentiamo mancanza.

Il dolore sommerge i nostri pensieri, il dolore che fa capolino nella nostra *intensità* quando un nostro caro parte alla volta della *spiaggia definitiva*.

Il dolore, silente fino ad un certo punto, fa capolino nella vita, ed estrae i suoi artigli più affilati, artigli che ci graffiano, ci pervadono, entrano nella carne, così sembra quando dinnanzi a noi troviamo il viso spento di chi fino a quel momento condivideva questo cammino con noi.

La Morte? La Morte è il dolore, non l'atto in sé...

È il dolore che non riesce ad attenuarsi nel tempo, il dolore di aver perso ogni possibilità di dire "ti amo" a quel qualcuno che ha deciso di tornare a Casa prima di noi, e ha remato a lungo sulla sua zattera per raggiungere la meta. Si può attenuare l'iniziale sofferenza, ma senza dubbio ciò che il dolore per una *"perdita"* ci lascia permane... dentro...

Anche il dolore allora si trasforma e trasforma...

E possiamo reputarci persone ben ricche interiormente quando riusciamo a captare i segni che chi amiamo ci invia da quella Terra che tutti attende…

Un soffio (Ariel), una parola scritta con una tazzina ("ti visito") accendono in noi quella parte che avevamo tralasciato, o che forse non abbiamo mai voluto scoprire...

Ma per scoprire occorre cercare, e allora comprendi che in realtà un Passaggio ti obbliga a cercare per scoprire... lo Spirito, la Luce che alberga in noi…

Tutto si dipana in modo quasi surreale: numeri che si ripetono, segni evidenti di una Presenza che ci accompagna, sensazioni, risposte che ci giungono attraverso un'insegna di un motel…

Luisa vive nel tuo respiro, ed il respiro ti accompagna, il soffio della vera Vita insegue ciò che sei, che sei veramente, e non ti abbandona. Giunge la consapevolezza tanto desiderata dell'esistenza certa dell'Aldilà.

Meraviglioso poter dare nuovo significato a questo termine che per molti secoli è stato così distante da noi, perché una cultura religiosa ha iniettato nel nostro DNA dogmi altisonanti che non hanno fatto altro che allontanarci dal Fuoco vero, invece che insegnarci ad avvicinarsi a Lui… a Lui che sa…

Sa di noi, delle nostre battaglie quotidiane, del nostro cuore a pezzi, della gioia che proviamo quando amiamo con tutta l'intensità del nostro Cuore Superiore… Ama noi... Sa di noi… Noi esseri spirituali racchiusi in una materia che confina tutta la nostra esuberanza divina.

Per fortuna, da questi confini riusciamo ad evadere, a confrontarci con i Mondi Invisibili poiché noi, non dobbiamo mai dimenticarlo, nella vita terrena, siamo l'espressione più pura, più luminosa, imprescindibilmente visibile di quei Mondi apparentemente invisibili …

Cos'è la Vita, cos'è la Morte, chi sono Io, chi sei Tu? Un rebus? Un cubo di Rubik? Un puzzle?

Non so, cara amica mia, credo che siamo *Cuori Coraggiosi*, che vivono questa vita, e la Vita oltre la Vita attraverso le persone che accompagnano, qui ed Oltre, i nostri Destini.

Allora tutto ha un senso: quando camminiamo tra la Natura e gli alberi parlano tra loro… le foglie si muovono al vento, e la loro voce è la Voce degli Antichi, di coloro che ci hanno preceduto, e che ci indicano la Via...

Sentirsi tutt'uno con la Vita e con l'Oltre, perché questi Mondi sono uno dentro l'altro, come perfetto incastro di un ingranaggio di orologio.

I giorni che hai trascorso, in questo 2011, ti hanno donato la conoscenza, forse diversa, del rapporto di Silvia Paola e di Luisa, rapporto certamente non spento. Ed in questi giorni rivivono ma soprattutto vivono i giorni di Luisa.

Giorni irripetibili, ma credimi, cara amica mia, non terminati... Perché il Mondo Spirituale ci conforta anche in questo.

Mio nipote Giovanni, nella Terra di Dio da poco più di un anno, così ci ha salutato al termine di contatto medianico del 28.02.11 *"Dio fa nell'Eternità nuovi giorni…"*

E Luisa, in quei giorni, sorride...

Barbara Amadori

Channeller, Master Reiki, Astrologa e giornalista.

Sito Web: www.barbaramadori.com/website

INTRODUZIONE

Non so quasi com'è avvenuto che in due giorni nelle ore seguenti al Natale abbia avuto l'urgenza di scrivere queste pagine ma una Forza oltre me preme da tempo perchè io mi smuova, e lo fa giorno per giorno accumulando dettagli e *coincidenze,* con infinita pazienza.

Ho cercato di scrivere non con la memoria ma con il cuore, senza sosta e con tutta la mia attenzione.

Non lo so razionalmente perchè ho scelto di esporre Luisa, mia sorella non gemella ma molto di più, 8 anni dopo la sua morte per un Linfoma. So che ha a che fare in modo diretto con lei, con una serie di angeli che mi hanno condotto fino qui e con un'incontrollabile fiducia di aver captato davvero il verso di interagire nella totale dimensione universale complessa solo nei nostri pensieri.

L'urgenza e la fluidità e lo strano benessere che mi ha preso dopo l'insospettato svuotamento che è stato per me *dire* di Luisa, mi hanno condotto alle soglie che lei mi ha amorevolmente indicato.

E' iniziata con una sensazione di non dover perdere tempo nel mettere su carta il fiume di sensazioni che non mi dava tregua.

Luisa voleva attraverso i codici dei suoi numeri fortunati che c'entravano con l'11 11 11, data anche il suo compleanno, comunicarmi che ero pronta, se finalmente avessi *voluto,* per qualcosa di più ampio.

Da gennaio 2011 sono anche su un altro piano di realtà, quantomeno della mia realtà, ed è tutto straordinario. Non è cambiato nulla ma è cambiato tutto e ancora cambierà, perchè ora *lo* sento muovere, agevolato dal mio esserci fino a quando sarà giusto. E questo non lo decido io, grazie a Dio. Sia fatta la sua volontà, Lui Sa.

Un termine che ho usato spesso in queste pagine è "Grande Disegno" quindi l'ho anagrammato con "Luisa". Viene fuori "Sui gong l'addenserai".

gong
s.m. inv.

MUS Strumento originario dell'Asia orientale, costituito da un piatto metallico che, percosso da una mazza ricoperta di stoffa o di sughero, *sprigiona un suono vibrante*. E' usato in orchestra e come *segnale*. E, poi per assonanza con gong, mi va di scrivere l'essenza di *going* a cui basta aggiungere centralmente la I di Ispirazione e di Infinito:

Andando

sostantivo	aggettivo
andata	diretto
andatura	corrente
stato	in vigore
condizione	di moda
	efficiente
	disponibile

1

10 dicembre 2011

Sono da alcuni giorni inquieta e domando fortemente un segno per indirizzarmi da qualche parte, per ristabilire la mia abituale serenità in accordo con il flusso universale, frutto di "conquiste" giornaliere e insperate, almeno dal punto di vista della mia razionalità.

Due notti fa ho fatto un sogno di cui mi ricordo solo una frase: "Tutto quello è in linea con la Natura è giusto". La sensazione, quando è arrivata questa frase e anche nel dormiveglia a seguire, era di grande illuminazione, ma nel risveglio razionale un concetto che non mi diceva più di tanto, nulla di nuovo o di sconosciuto, una saggia, ovvia e banale realtà. La so, la so da molto.

Mi è parso scontato, un suggerimento trito senza nessuna particolare folgorazione concreta. Anche se sotto (nella parte che l'aveva captata) sentivo che era un qualcosa di più.

La notte ancora precedente un flash in mezzo a un sogno non brutto, non angosciante, ma una sequenza si staglia nel ricordo, nella percezione della personale e indiscutibile regalità della Natura.

Attorno è grigio, grigio chiaro, sono a piedi con altre persone (non so chi, ricordo solo delle ombre) e cammino in un paese di mare.

Tra noi e il mare c'è una piccola galleria, un sottopasso marrone, di mattoni colore del tempo, che probabilmente è supporto della ferrovia soprastante.

Improvvisamente, mentre camminiamo, il clima si trasforma. In un baleno il mare diventa un uragano con un vento inimmaginabile, di una potenza inarrestabile e non negoziabile, che ci fa comprendere che potremmo essere tutti risucchiati verso il mare senza neppure una frazione di secondo per pensare a prendere provvedimenti. Io sono la più esposta del gruppo, gli altri sono alla mia sinistra, alla destra il tunnel e il mare grigio acciaio che freme e turbina.

Sento che il vento mi sta prendendo, non c'è modo di fare nulla. Non mi ha ancora carpito, con il mio ineluttabile cedere, che improvvisamente tutto torna al fotogramma precedente, tutto è di nuovo calmo, quasi immobile.

Il mio attimo di panico, ma senza resistenza, perchè non ci sarebbe stato nè il tempo nè il modo per tentare una diversa modalità di reazione, è stato un terrore quieto, un essere consapevole che la Natura avrebbe fatto comunque la sua scelta e la sua strada a prescindere dalle mie opinioni, credenze o speranze. Non era "sbagliato"... Era.

La gratitudine che ho provato è stata immensa, insieme al rispetto e alla sensazione di aver acceduto a un Miracolo.

Era una dimostrazione della Forza Naturale e un farmi comprendere quanto tutto è, sia giusto comunque.

2

Il 23 dicembre 2011 sono in autostrada da Cesena a Genova per trascorrere il Natale con i miei genitori. Evidentemente non a caso quest'anno lo farò felicemente da single, perchè Sandro ha già raggiunto i suoi in Puglia.

A me guidare piace, non mi stanca e mi permette di poter dividere la mia attenzione tra la guida e lo stato alfa e avere oltre che idee e progetti anche, ora posso decisamente chiamarli così, canalizzazioni e contatti, che "forse" arrivano dallo stesso mittente... Ci sono da tempo e li accolgo sempre con rispetto e tutto il mio commosso piacere.

Il riscaldamento in macchina era attivato e a un certo punto sento un soffio fresco sul viso. Chiudo tutte le griglie e sposto i bocchettoni mettendo anche sullo stop il diffusore zonale. Chiedo con gioia. "Chi sei? Come ti chiami"? Mi appare o sento? Non so, capto "Ariel".

Subito il mio cervello cerca di razionalizzare: Ariel, che vagamente so essere il nome di un angelo, assomiglia molto alla parola "aria" che sento sul viso e devo aver tradotto con la parola assonante più ovvia che le mie memorie hanno fulmineamente trovato. Mi deprimo quando il mio cervello stacca e trita atomicamente ogni dettaglio per farsene una "ragione".

Chiedo mentalmente perdono, soprattutto a me stessa di non consentirmi la costante magia di un altro livello di coscienza e formulo "Cosa devo o posso fare? Io Non capisco...".

Come spesso faccio, ho continuato mentalmente chiedendo un codice con cui intenderci costruttivamente in modo semplice, tipo "soffio" equivale a sì o nessuna reazione è un "no".

Oppure segni evidenti o collegabili, che io possa considerare Dio travestito da "caso". E fidarmi.

fidàre *prov.* fizar, fiar; *fr.* fier; *sp.* e *ort.* fiar; *dal lat.* FIDERE *aver fede* (cambiata desinenza) denominativo di FIDES *fede* (v. *Fede* e cfr. *Fido*). — Commettere all'altrui fede alcuna cosa, perché sia custodita, guardata e poi restituita, ovvero impiegata in una data maniera, altrim. Affidare; in modo più concreto Dare a fido, o a fida.

Rifless. ....RSI Aver fede di non essere ingannato, Rimettersi interamente alla fede altrui.

Vale pure Dar fede e quindi Rendere altrui sicuro, Assicurare.

   Poi sopra 'l vero ancor lo piè non fida
                    (DANTE *Parad.*, VIII. 27).

[*Fidare* differisce da *Affidare* e da *Confidare:* in quanto il primo ed il secondo significano ambedue commettere qualche cosa all'altrui fede e lealtà, se non che il « Fidare » ha più larga accezione e par che includa una più intima e ferma credenza di non essere ingannato; il terzo « Confidare » è avere una piena speranza di ottenere].

  Deriv. *Fìda; Fidaménto; Fidànza; Fidàto.*
  Comp. *Af-fidàre; Con-fidàre; Dif-fidàre.*

"Io sono qui a disposizione. Non ho più ambizioni nè traguardi personali. Tutto quello che mi accade è un miracolo e ho avuto la Grazia di riuscire a percepirlo come tale" questi pensieri mi flashavano nella mente mentre attendevo un segno qualsiasi.

Qualche altro soffio mi rinfrescava il viso. "Dimmi che posso fare, la mia esperienza ha solo questo scopo, è quello che mi mantiene in vita". "Devo scrivere"? Un soffio. "Devo registrare con la metafonia?" Nulla. "Vedrò qualcosa di fisico, di certo, di non contestabile, da me?" Nulla. "Allora devo scrivere. Cosa scrivo? Le mie opinioni o qualcosa che qualcuno mi detterà"? "Posso scrivere al pc o devo farlo a mano"? Nulla. I miei pensieri galoppavano per comunicare a me stessa e a chi forse mi stava ascoltando. "Io non posso scrivere se non per una situazione che vada oltre la me razionale e certamente non potrei farlo per favorire la mia eventuale gratificazione. Non me la sento, non voglio incanalarmi in qualcosa che non sia anche equivalentemente razionale o meglio che si possa esprimere con l'atteggiamento più onesto, corretto e non di parte...

Mi interessano ma mi imbarazzano molti canali o canalizzatori, alcuni non li trovo credibili, altri mi danno la viva sensazione di ricercare un potere personale, altri sono fanatici e comunque TUTTI sono esseri umani che traducono quello che ritengono di captare e inevitabilmente lo riportano con le proprie memorie, emozioni, sensazioni, credenze.

Mi vergognerei a caldeggiare un ambito che per il momento riguarda solo me e la mia percezione". Nessuno emana un fiato. "E poi Ariel è un angelo o un arcangelo"?

Dopo una decina di minuti mi chiama il mio ex collega, agente nella casa farmaceutica dove ho lavorato parecchio tempo fa, non ci sentivamo da anni (di cognome Arcangeloni) e mi racconta tra le varie situazioni della sua vita attuale di aver appena fatto un colloquio con l'azienda farmaceutica Angelini...

P.S.: come ho poi indagato Ariel è un angelo e non un arcangelo. La risposta di Arcangeloni era "Angelini"?

Arrivata a Genova ho acceso il computer per cercare Ariel. Con mia grande delusione il primo risultato mi ha portato Hariel con l'H. Interessante ma non c'entra molto mi pare con date precise, anche se noto che è una settimana dopo il mio reggente (Mebahel), è domiciliato nel mio segno i gemelli e l'elemento Aria, con i soffi sul viso razionalizzando ci sta.

1-5 giugno (gemelli)

Appartiene al coro dei
CHERUBINI

E' attribuito ai nati
dal 1 al 5 Giugno

Elemento
ARIA

Domicilio zodiacale
dal 11° al 15° del Gemelli

Tramite l'invocazione è possibile ottenere:
buoni risultati nel campo delle scienze e delle arti, conduzione di una vita esemplare.

Niente di che come notizia, un bravissimo angelo niente da dire!

Mi sono riservata di fare altre ricerche su Hariel dopo aver disfatto le valigie e soprattutto dopo aver chiacchierato un po' con mamma e papà che non vedevo da tempo.

Dopo cena ho staccato dai muri di casa le foto di Luisa che dall'anno della sua partenza terrena ti guardano con dolcezza da ogni parete dell'abitazione dei miei e le ho fotografate. Quindi le ho caricate sull'album "Luisa" di Facebook che avevo creato due giorni prima (grazie alle splendide foto che non avevo mai visto inviatemi da Sergio B. una persona importante nella vita di Luisa), e ho aggiunto anche gli angioletti vittoriani simbolo di Fiorucci, che ricalcano nei colori dei nostri capelli la posa che abbiamo nella foto più intensa che ci ritrae insieme.

Non avevo mai pensato di parlare in modo chiaro di Luisa o mostrarla con quello che temevo potesse essere scambiato con orgoglio o bisogno di comprensione, anche se ultimamente il mio non condividere *con lei* mi dava un sottile senso di colpa. Quante volte ancora pensavo "se ci fosse Luisa qui come le piacerebbe! Se Luisa fosse qui ci divertiremmo un sacco!" O il semplice impulso a chiamarla al cellulare o nell'aspettarmi una sua telefonata. Capita ancora, ogni tanto, sempre meno, ma ogni volta è una piccola stilettata al cuore di ineluttabile malinconia. Ignorarla ancora era come voler escludere qualcosa di importante a tal punto di aver pudore anche nei confronti di me stessa. E dall'altra parte, a un soffio di distanza da me, le cose lavoravano. L'autore delle foto di Luisa, che ringrazio senza limiti, è stato il grosso "là" a creare un album a lei titolato, quando me le ha postate in bacheca il 20 dicembre alle ore 19.16 nei pressi di Roma (a Fb piace dettagliare!). Riguardo Fiorucci: per me, e soprattutto per Luisa, quest'azienda ha avuto una grande rilevanza. Tra l'altro mia sorella spesso concludeva la sua firma con un piccolo fiore, come in questa dedica natalizia a un libro per me: "Pensieri degli Angeli Parole di Luce e Amore".

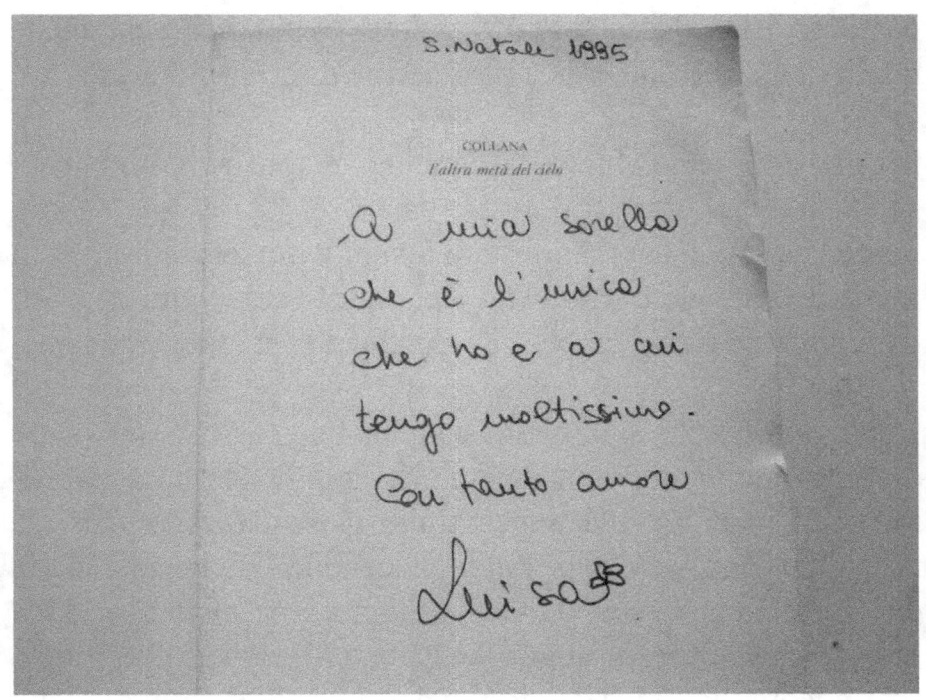

S. Natale 1995

COLLANA
l'altra metà del cielo

A mia sorella
che è l'unica
che ho e a cui
tengo moltissimo.
Con tanto amore

Luisa

Il papà di sua figlia ha fatto per decenni il rappresentante di Fiorucci per Liguria e Toscana e, per quel che mi riguarda, oltre che usare esclusivamente body Fiorucci nella mia attività di ballerina, era lo stilista che mi entusiasmava di più; ho anche lavorato nel negozio di quella marca che Luisa gestiva nei vicoli di Genova negli anni '80 '90.

Sulla descrizione dell'album Facebook ho voluto scrivere: "Solo quest'anno mi sento davvero pronta ad accogliere il disegno del Tutto.

Sono passati 8 anni (2003 2011). Il 3, l'8 e l'11 sono (non erano, sono) i suoi numeri preferiti. Grazie di questa Grazia, piccola immensa sorellina mia".

Ho trascorso queste feste di Natale dai miei, nel tempo libero dagli "impegni" familiari a cercare e leggere solo di angeli e dei loro significati, dai più leggiadri ai più profondi, anche quelli della Cabala ebraica per capirne davvero il verso.

In quel momento, finito di caricare le foto sull'album del social quasi sovrappensiero ho emanato: "Ariel (se è il tuo nome che prima hai manifestato alla mia richiesta di sapere il nome dell'angelo con cui stavo parlando) adesso mi dovresti dare davvero un segno che ci sei e che non sto vaneggiando".

Improvvisamente si è spalancata la finestra con un colpo di vento e contemporaneamente ha cominciato a suonare il mio cellulare. La mia amica Luisa (toscana, terra dove la mia Luisa ha vissuto per anni, facendoci anche una figlia che ha chiamato Silvia, anzi Silvietta per distinguerla da me) voleva farmi gli auguri di Natale, dicendomi "Silvietta sei ancora in mezzo agli angioletti?" (l'ultima volta l'avevo contattata invitandola al convegno "Angeli e Luce" tenutosi la settimana prima a Cesenatico, paese dove ha una casa, ma non è potuta venire e a tale evento si riferiva).

Io ero allibita e raggiante. Adesso potevo "accontentarmi" dei segni e procedere ovunque mi portassero?

Con mia soddisfazione, ricominciando a cercare sul computer ho trovato che esiste un altro angelo di nome Ariel, senza l'H. E' che è "la sensazione" che avevo avuto, il flash arrivatomi in auto, era anche una scritta (sensazione/suggerimento), ed era Ariel senza H.

Ariel è l'angelo reggente di mia sorella Luisa nata l'11-11-1963. L'anagramma delle parole "Luisa Ariel" è anche "Lei Lui Sara" che senza dubbi io interpreto "sarà" come la terza persona del futuro semplice..

Allora... è ovvio che trovo improbabile che Luisa nel tempo non me ne abbia parlato del suo angelo, comunque ho messo nella patente il cartoncino con le caratteristiche dell'angelo Ariel, trovato in questi giorni tra le sue cose, ma consciamente non me lo ricordo.

Che differenza fa se l'ho captato dalla mia memoria o me l'abbia suggerito/ricordato qualcosa/qualcuno qualche ora prima in macchina?

"L'efficacia è la misura della verità", settimo principio Huna.

Ariel

46 - Angelo Virtù Solare ARIEL (Dio Rivelatore)

Angelo Custode delle persone nate dall'8 al 12 novembre

Angelo del Giorno: 22 febbraio, 6 maggio, 20 luglio, 2 ottobre, 13 dicembre

Angelo delle Missioni (Angelo che ha presieduto al momento della nascita): da 15h a 15h40'

Elemento: Acqua

Domicilio Zodiacale: dal 16° al 20° dello Scorpione.

Colore personale: magenta/verde

Cristallo: Peridoto

Dona capacità di comprendere i segreti della natura.

Propensione per la scienza, la medicina, la ricerca Mente lucida ed ottima intuizione.

Protezione dagli incidenti, sogni premonitori.

Un'ulteriore serie di "segni" trovati nelle interazioni di angeli, date, gradi zodiaco che si incrociano - angeli precedenti e seguenti al nostro, tra Luisa e me:

45. SEHALIAH
(l'angelo precedente ad Ariel, custodisce il 3 novembre che è s. Silvia, nome mio e di sua figlia)

Motore di tutte le cose

Coro degli Angeli Virtù
Da 10° a 15° dello Scorpione

Angelo Custode dei nati
dal 3 novembre al 7 novembre

Promozione

46. ARIEL
(Luisa, suo reggente)
Dio rivelatore

Coro degli Angeli Virtù
Da 15° a 20° dello Scorpione

Angelo Custode dei nati
dall'8 novembre al 12 novembre

Scoperta

14. MEBAHEL
(mio reggente)

Dio conservatore

Coro degli Angeli Cherubini
Da 5° a 10° dei Gemelli

Angelo Custode dei nati
dal 26 maggio al 31 maggio
(ma protegge anche tra gli altri
i nati l'11 novembre compleanno di Luisa)

15. HARIEL
(seguente al mio, il famoso Hariel con l'H!)

Dio creatore

Coro degli Angeli Cherubini
Da 10° a 15° dei Gemelli
Angelo Custode dei nati
dal 1° giugno al 5 giugno

Chiarezza

Non ultimo il 28 dicembre avviene un'interessante coincidenza con la richiesta di variazione indirizzo nella posta elettronica da parte di una lettrice. Non ho potuto non approfondire il mittente dell'email, non capita tutti i giorni e soprattutto ho trovato alcune cose che ci riguardano (me e Luisa) oltre al suo nome angelico arrivato con precisione cosmica.

I segni arrivano nel modo più straordinario.

harielagnoli.jimdo.com/chi-sono/

Ciao, volevo avvisare che al posto dell'indirizzo mail info@ (xxx) dovreste inserire il presente indirizzo:
harielagnoli@ xxx
Grazie, cordialmente
(le xxx sono per privacy)

Profilo Facebook Hariel Agnoli:
Ha frequentato Istituto D'Arte; Sposata; Data di nascita: 24 giugno 1963 (il 24 giugno è la data della foto che più amo, che ci ritrae insieme nel 2000 e 1963 anno di nascita di Luisa che sarebbe morta il 22 giugno 2003).

Hariel Agnoli è una canalizzatrice esperta di Energie e Maestri.
harielagnoli.jimdo.com

Gran finale il 30 dicembre, mentre spedivo a Sandro queste pagine scritte come un vortice in esplosione in due giorni, ho sentito complicità col Tutto mentre in contemporanea mi arrivava una notifica email riguardante un post su un gruppo Facebook, scritto da una mai sentita nominare Cherubina M.

Ma a parte il fatto che io sto all'ala della Luce di un Cherubino (Mebahel è il mio angelo della Missione)... ma sarà tanto frequente un *coincidente caso* con un nome così?

Come sentire il nome del tuo Angelo Custode

Tratto da: Terapia degli Angeli di Doreen Virtue

Voi interagite con centinaia o anche migliaia di differenti angeli durante la vostra vita. Un gruppetto di angeli con cui lavorate sarà sempre costante, mentre altre volte potete essere accompagnati da angeli che sono completamente nuovi per voi.

Dato che gli angeli non sono alla ricerca di gloria personale, perché loro sanno che siamo tutti uno con Dio, non cercano onori per le loro buone azioni.

Per questo motivo, per la maggior parte del tempo, non sarete consapevoli delle personali caratteristiche dell'Angelo che vi sta aiutando. Tuttavia, potete fare la "conoscenza" dei vostri angeli custodi, che sono con voi dalla nascita fino alla morte.

I vostri Angeli Custodi hanno dei nomi e spesso sono dei nomi comuni. Per esempio, il mio angelo custode si chiama Frederique, mentre altre volte ho avuto angeli al mio fianco che dicevano di chiamarsi Joy o Peace.

Chiedete ai vostri angeli di dirvi i loro nomi. Poi restate in silenzio e ascoltate. La risposta può arrivare intuitivamente e avrete una chiara sensazione del nome; oppure potete sentire una voce, avere una visione o semplicemente "sapere" il nome.

Se il messaggio non è chiaro alla vostra comprensione, chiedete ai vostri angeli di ripetere il loro nome fino a quando non lo capite.

Non abbiate mai paura di offendere o di fare scappare i vostri angeli se dite: "Puoi ripetere il nome un po' più forte, per favore?"

Una volta, una donna mi raccontò che un giorno aveva deciso di chiedere il nome al suo angelo mentre stava guidando verso casa dopo essere stata in chiesa.

Dopo aver chiesto al suo angelo: "Qual è il tuo nome?", la donna sentì una vocina nella sua testa rispondere, "Angelo". La donna pensò, "Come è possibile che un angelo si chiami Angelo!?". Allora chiese all'angelo di ripetere la risposta un po' più forte e più chiaramente, così che lei fosse sicura di aver sentito bene. Di nuovo la donna sentì la parola "Angelo".

La donna continuava a pensare che questo fosse un nome strano per un angelo – come se decidi di dare ad un gatto il nome Gatto o ad un cane il nome Cane. Allora la donna chiese al suo angelo di darle un segno per capire se "Angelo" era veramente il suo nome. In quell'istante la donna sentì l'impulso di girarsi improvvisamente verso la sua destra mentre stava guidando. Di fronte a lei un gigantesco tabellone pubblicitario che non aveva mai notato prima con su scritto "Angelo Motel". Ora lei sapeva per certo che quello era il nome del suo angelo custode!

Doreen Virtue

3

"Se ci fosse stata ancora Luisa un altro figlio e anche più li avrei senz'altro fatti".

Così mi ha detto al telefono, mentre rientravo dal natale genovese, Roberta la moglie di mio fratello Giorgio, genitori di Thomas, che Luisa non ha mai conosciuto. Qualche giorno prima Roberta aveva sognato Luisa che abbracciava Thomas con amore radioso.

Quello che mi ha lievemente indisposto (per la sua propria libertà e indipendenza troppo spesso donata generosamente agli altri) è stato constatare che indubbiamente Luisa quando era in questo mondo c'era sempre, era sempre disponibile, per lei tutto era amore e condivisione.

Era quasi scontato che "ci fosse", a costo di pensare che si sarebbe anche dimenticata della propria vita per agevolare quella degli altri.

Sicuramente in lei convivevano sensazioni di grandezza (di volare alto) e un'autostima straordinariamente bassa. Era densa e fragile al tempo stesso. In amore si annullava per il suo uomo come una donna d'altri tempi, limpida dal primo atomo all'ultima cellula. Aveva anche il bisogno di essere rassicurata, ammirata e amata. Ne aveva *bisogno*.

E' spesso anche stata tradita dai suoi compagni, oltre che non compresa e quasi mai apprezzata e accettata nel suo complesso candore.

Un essere che stava anche in una (altra/differente/incomprensibile) dimensione parallela.

Luisa ha vissuto molto "per me".

Non riesco a pensare alle dimostrazioni (fisiche, mentali, materiali ed emotive) che mi donava continuamente, senza avere per lei una nostalgica e tenerissima riconoscenza. Credo che lei sia stata il perno diretto nella mia conversione alla Fede, (ero parte della sua missione), la Fede più ampia e totale che potessi mai pensare di poter sperimentare.

Io e Luisa eravamo completamente diverse, io decisamente più espansiva anche se molto più introversa e critica (ogni tanto mi diceva "devi farti una botte di Beech", il fiore di Bach per gli ipercritici), lei era meno attiva pur se estroversa e più lagnosa, ma entrambe eravamo straordinariamente possibiliste! Non c'è mai stata una mia idea che non approvasse, anche quando era rimasta l'unica mia sostenitrice.

Mi diceva "è una tua idea, non è importante che io sia d'accordo o meno, l'importante è che lo sia tu".

Quando mi disse che voleva chiamare sua figlia come me io glielo sconsigliai... che bisogno c'era, avremmo creato un'inutile confusione, e lei rispose: "Ti amo così tanto che scelgo il tuo nome per celebrare il mio amore per te". Io rimasi a bocca aperta e nessun discorso anche di altri familiari le fece cambiare idea.

Luisa era simpatica, infantile, malinconica, leggera, complicata, e anche solitaria in un certo senso suo malgrado.

Stava bene in compagnia ed era molto amata, era incapace di atteggiarsi o emanare qualcosa che non fosse un vero e genuino sè.

Parlava e condivideva di quello che sapeva ma nel suo intimo si considerava sempre una studentessa con nulla da insegnare, questo a costo di apparire anche provinciale, spesso nel modo più delizioso del termine. Era altrettanto rigida nei suoi impegni con la chiesa.

Ricordo fin da piccina, stavamo nella stessa stanza, quando ci coricavamo per dormire la sentivo per parecchio sussurrare le sue amate e indispensabili preghiere.

Ho trovato nel suo armadio quaderni che giovanissima riempiva con scrittura infantile, pagine e pagine di trascrizioni di canzoni della messa, di chiesa o del ricreatorio.

Innumerevoli le versioni dei vangeli e della bibbia che aveva nella sua camera (e li leggeva tutti!), insieme a tanti altri testi nelle più svariate filosofie e discipline, inclusa la passione per le carte divinatorie.

Credeva, sapeva e si attaccava saldamente a ciò che il suo cuore riconosceva.

Con sua figlia ho visto la sua pazienza frantumarsi e reagire spesso senza riuscirci al carattere rosso e impossibile di mia nipote con urla isteriche e minacce che non riusciva a mantenere. Una strana relazione la loro fin dal primo vagito.

Silvia non ha dormito per 6 mesi e Luisa era sola nella gestione della sua maternità.

Un uomo c'era, il padre della piccola, che sì, ha fatto del suo meglio con quello che era all'epoca, che *sapeva* e che riusciva, ma comunque non è stato abbastanza per la gioia della coppia, della famiglia e neppure per quella di Luisa, e inevitabilmente neanche per se stesso.

Luisa aveva una strana calamita per l'universo maschile individualista e autoritario, per uomini intellettualmente critici, distaccati e anche cinici.

Dal reparto di ospedale dove fu ricoverata per l'autotrapianto di midollo gli mandò un fax dove esordendo con "Caro amore mio" gli raccontava in qualche pagina il suo "chi era", come aveva vissuto la loro relazione, di come era stata per anni amareggiata nel sentirsi rifiutata, di quanto ci avesse creduto al proprio sogno di un Amore corrisposto. Ha tirato fuori tutto quello che poteva raccontare con la forza della disperazione e con la grande "protezione" del potere insito in una grave malattia.

Non trascrivo la lettera perchè sarebbe insopportabilmente dolorosa per chiunque come lo è stata per me rileggerla. Concludeva dicendogli che lo lasciava libero con tutte le sue benedizioni e gli augurava sinceramente la massima felicità sempre e comunque.

Una considerazione per i suoi ex (ai quali mi sento sinceramente affezionata senza preconcetti). Lei è stata un simbolo, un tramite per accedere alle zone meno in luce di noi stessi e per permetterci di lavorare su quel *proprio* materiale.

Evidentemente la sua missione la portava allo stesso lavoro da fare con e verso i suoi compagni.

Entrambe le parti hanno attratto qualcosa con cui la propria evoluzione potesse procedere a comprendere delle problematiche personali. I due uomini con i quali ha vissuto le sue relazioni più importanti hanno ancora sensi di colpa e amarezza per non essere riusciti a comprenderla.

"Vorrei essere riuscito ad amarla meglio" mi hanno confidato entrambi.

La storia con Luisa era, è stata ed è ancora semplicemente un'opportunità reciproca e l'insegnamento verso noi stessi non va mai perso se lo comprendiamo con apertura e umiltà.

Sta a noi ottimizzare (evolvere) e farne il tesoro del qui e ora, come come è stato per Ebenezer Scrooge nel "Cantico di Natale[1]" scritto da Charles Dickens.

Ogni tipo di relazione e di interazione ci arriva per questo, per accedere oltre, e ancor più quelle sentimentali attraverso la loro visceralità. Siamo tutti collegati nel Grande Disegno, prima durante e dopo.

Qui, con la morte di Luisa, parliamo di un avvenimento divenuto *definitivo,* con cui non si può pensare di darsi appuntamento davanti a un prosecco per perdonarsi reciprocamente dopo un percorso evolutivo a volte ingiusto.

A molti sembra di non poter più rimediare e di dover tenere solo per sé enormi bagagli di rammarico. *E' la morte che fa la differenza* tra altri milioni di storie uguali di persone ancora in vita, che forse neppure se ne ricordano (sia del fatto, che di essere vivi).

---

1 Cantico di Natale, Charles Dickens

Qui è la grande opportunità dell'attenzione o del rifiuto dei segni che ci portano alla missione della nostra anima. E in questo, essendo collegati al Tutto, questi agevola, per suo moto di espansione naturale.

La percezione della morte (che guardiamo troppo spesso come un definitivo *mai più*) dà qui quell'allerta alla nostra chance che possiamo liberamente scegliere: o ponendo resistenza all'amore o fluendo con esso durante tutto il tempo che ci è concesso.

Tutto quello che attraiamo, e che ci facciamo accadere, ha un prezioso insegnamento.

Il libero arbitrio è sempre attivo e siamo sempre e solo noi che mettiamo in moto l'interazione tra i mondi, dove siamo già immersi nella sovrapposizione di tempo e di spazio.

4

Che ridere io e Luisa! Dire, fare, baciare, lettera, testamento? No! Mangiare, bere, parlare, leggere, divertirci.

Per molti anni io e mia sorella siamo state fisicamente lontane. Io ero molto ribelle sia nelle mie ricerche esteriori che quelle interiori, lo sono sempre stata e inevitabilmente, con gran disperazione dei miei genitori, a 18 anni ero già ad abitare da sola. Talvolta la consideravo una debole, troppo attenta alle regole e "per bene", nel senso che il suo bisogno dello scambio d'amore la portava in relazioni non solo amorose che non riuscivo a concepire e a comprendere.

Da sempre ci siamo volute bene, quel bene che porta anche a litigare di brutto ma sempre compatte nel sostenerci in maniera anche invisibile. Era un patto mai scritto quello del nostro amore. Tra le cose più ardite ricordo che spesso - nelle poche volte in cui abbiamo osato mettere in pratica questa trasgressione - saltavamo scuola insieme.

Andavamo a Nervi a passeggiare, a respirare l'odore del mare o a guardare gli scoiattoli nel parco, parlando dei nostri problemi emotivi o sentimentali.

In casa Luisa era chiamata *acqua cheta* ("quella che distrugge i ponti" aggiungeva mia mamma per definirla nel rimarcarle qualcosa), mentre io venivo appellata come "l'avvocato delle cause perse" (perchè difendevo a spada tratta me e i miei fratelli anche arrampicandomi su per i muri) che i miei genitori alternavano con "la pietra dello scandalo" (quando aizzavo la truppa verso la nostra libertà e i diritti di parola e di azione all'interno della famiglia).

Insomma quella volta che mia madre scoprì che non ero stata a scuola mi fece la santa inquisizione per sapere "dove ero andata" e soprattutto "con chi".

Che ridere con mia sorella, molto dopo, nel raccontarla! Ero con Luisa ma non potevo proprio dirlo alla mamma! Sono stata naturalmente punita ma mi sentivo corretta, eroica e piena di tutto l'amore di Luisa che mi guardava ammirata e grata.

Non valeva la pena si compromettesse in quel caso, l'avrebbe fatto agendolo emotivamente milioni di altre volte per me strada facendo.

Poi, entrambe per seguire un uomo, io sono andata ad abitare in Romagna e lei in Toscana. Eravamo sempre legate ma con quella anche poco buona elasticità che cresce con la lontananza e con gli impegni che si sovrappongono al tempo da condividere.

Luisa aveva spesso momenti di vuoto interiore, cercava di non far pesare quello che era per lei disperazione, lo avrei scoperto dopo parlando con lei negli ultimi anni e leggendo nel *dopo* le pagine dei suoi diari e gli appunti pieni di dolore e di rassegnazione.

La cosa a cui teneva di più era una relazione appagante ma sopravviveva in una convivenza infelice che ha perdurato per troppo tempo. Anche il lavoro non la soddisfaceva pienamente perchè spesso incappava in personale che non la considerava vincente, e quindi non la rispettava, non avendo il piglio commerciale che in quegli anni veniva considerato necessario anche nel suo ambiente di pronto moda.

Non era un capo naturale ma era una perfetta compagna di viaggio e d'appoggio nella vita come nella professione, il suo ideale era la messa in pratica della collaborazione nel più democratico significato del termine.

Luisa aveva molte paure concrete: della velocità, dei ragni, di andare in macchina, soffriva di mal di mare e di vertigini e temeva qualsiasi spostamento, aveva la tendenza a essere preoccupata immaginando sempre il peggio.

Come ogni cervello poco allenato all'amore per se stesso era di frequente in circuiti negativi ma di tipo autopunitivo.

Aveva una forma mentale poco dedita al piacere per se stessa e all'individuazione espansiva dei propri talenti naturali, ma spronava ed era contenta se gli altri miglioravano e se erano felici.

Non solo non era invidiosa dei successi altrui ma era sinceramente felice per questo, verso chiunque. Di natura era una fan ma non di se stessa.

Mia sorella cercava di tenere sotto controllo le sue emozioni e le sue fobie ma naturalmente ne diveniva preda appena la sua testa non si immetteva in sogni o concretezze di realizzazione amorosa, dove sperimentava quell'infelicità relazionale che è stata conduttrice di tutta la sua vita.

E' sempre stata una ragazzina pallida, minuta e bellissima, una fiducia mista a sconfitta rendevano irresistibile il suo sguardo. La dolcezza che traspare anche dalle foto ha nell'espressione malinconica dei suoi occhi la luce della speranza in un'esistenza di gioia.

Ma nel suo sguardo non c'è mai certezza, solo un'infinita attesa e bisogno di essere felice. E voleva esserlo in terra.

Negli uomini non ha mai trovato ciò che cercava e neppure ha trovato corrispondenza duratura alla sua visione di rapporto. Aveva molti sogni e molte aspettative, una sua frase che ancora ricordo è *"L'uomo per me mi deve trattare come una regina, deve stendere il tappeto rosso davanti ai miei piedi e ritirarlo al mio passaggio. Io naturalmente farò lo stesso con lui"*.

Sognava, viveva in un mondo ideale e si stupiva mentre chiudeva le poche storie che ha avuto con tanta delusione e tanto dolore. Ma già aveva un taglio estremamente sensibile fin da giovanissima.

Da suoi scritti trovati nel suo armadio (aveva 19 anni):

"Considerazioni (poetiche) importanti sorte in un momento di sincerità con il mio "io"!

Voglio un uomo
che sappia stare in compagnia
che sappia cogliere i momenti a due
che sappia amare e farsi amare
che sappia ciò che vuole e faccia ciò in cui crede.
Voglio un uomo
che mi rispetti
che mi ami
che mi stia vicino
che mi faccia felice.
Voglio un uomo
da amare
da rispettare
da coccolare
da far felice.

Perchè voglio (ndr. voglio sottolineato due volte) *essere felice!*
Voglio un uomo per vivere serena, in pace con me stessa, per
essere felice! Perchè per me essere felice è amare ed essere
amati".

luisa
19 febbraio 1992

Solo quest'anno sono in grado di fare il salto con tutto quello
che questa storia contiene e con tutto quello che si è messo in
azione.

Mi ci sono voluti tutti questi otto anni, (8 come l'Infinito, uno
dei suoi numeri preferiti) per mettere i tasselli al loro posto,
almeno per quello che riguarda la mia storia personale e il
percorso intessuto con mia sorella.

Quando è mancata malgrado la malattia sia durata, tra le varie
ricadute circa dieci anni, non ero riuscita fino a quest'anno
(2011) a mantenere un assetto costante e sereno nei confronti
della sua morte.

Era evidente che dovevo metterlo in conto ma finchè qualcosa
non decide che è ora di mettere le cose al posto giusto non lo si
può nè comprendere nè trascendere. Certo teoricamente non
è semplicissimo ma si riesce, mi pareva tale la mia ampiezza
quando mi è sembrato di essere viva, forte e consapevole
molto di più della "pura" teoria.

Da molto so come ci si comporta con i defunti, mi è sempre
interessato.

Il nostro dolore porta a loro dolore e la nostra gioia porta a
loro gioia. La nostra gioia può essere anche solo fatta di fede.

Ho letto molto, ho studiato, ho sperimentato, ho amato e rispettato e anche un po' temuto quella dimensione, e questo lo faccio da molto tempo.

Già da piccola avevo con la morte un rapporto assiduo e particolare, sapevo cosa era e dove era.

Ero una bambina solitaria, una lettrice vorace e fantasiosa, non avevo preconcetti sui testi, mischiavo tutto ciò che riuscivo ad acchiappare in casa e in biblioteca. Avevo un quadernino dove scrivevo il titolo dei libri letti, il genere e un breve commento. Mi dava profonda soddisfazione aggiungere titoli e considerazioni personali, oltre che per *sapere* anche per un bisogno psicologico di riempirmi.

Ma la realtà è che un legame forte come quello mio con Luisa, che sfocia in un'esperienza insopportabilmente dolorosa, è un'enorme opportunità per rivedere idee, convinzioni e paure. Una grossa botta emotiva fa un terremoto su ogni piano di esistenza e quando è efficace, conduce a riconsiderare completamente molte teorie, obiettivi e traguardi.

Anche se ci vuole tempo per passare completamente al di là di noi stessi. Tempo, pulizia, apertura, umiltà, fiducia, desiderio di viaggiare sempre di più sul livello dell'Amore e di metterlo in pratica.

E per vedere veramente dei segni chiari che si collegano di continuo e che ci supportano silenziosamente.

Ma ero ancora insospettatamente lontana dall'oceano sconfinato in cui nuoto adesso, sguazzavo nei ruscelli credendoli il mare.

Non riuscivo a digerire questa cosa, ero stata investita dall'evento, pur avendo un (mi pareva) profondo percorso spirituale e un'evidenza data dalla gravità della malattia, che poteva sùbito oggettivamente concludersi come poi, dopo dieci anni, è successo.

Luisa era malata da anni. Si era scoperta una ciste all'inguine che aveva sistematicamente trascurato anche quando il suo medico le aveva consigliato parecchio tempo prima un ago aspirato.

Decise di farsi vedere quando era diventata una massa notevole.

Prima di capire che la situazione fosse drammatica chiamava scherzando quel grosso e solido rigonfiamento "il mio mezzo uovo sodo".

Quando mamma la prese di peso e la portò a far analizzare quella che si pensava fosse una ciste, Silvietta aveva tre anni e Luisa era una trentenne pallida esageratamente stanca da mesi.

Lo imputava alla figlia, la sua tirannica peste dai capelli rossi e all'apatia subentrata al dolore per la sua relazione che non era mai andata come lei sognava.

Comunque, come tutti noi, Luisa era in grado di scegliere la sua vita e di apportare i cambiamenti che potevano farla dirigere verso un meglio attivo e non dipendente dalla percezione di sé che le riportava una relazione, quindi se è stata una vittima lo è stata innanzitutto di se stessa.

Linfoma non Hodgkins, livello di pericolo massimo, la previsione era decisamente sfavorevole. Ovviamente tutta la nostra famiglia andò immediatamente sotto schock ma siamo passati velocemente volenterosi e compatti a un piano di azione.

Con molta forza, ottimismo e grinta, Luisa per prima, ci siamo lanciati nella risalita verso la salute sua e di tutti noi, e questo ci ha donato un immenso e caldo rispetto l'un l'altro facendoci diventare definitivamente *più famiglia* di quella che eravamo, per quanto già lo pensassimo.

5

Una coincidenza che per me aveva del sensazionale è avvenuta alla stazione di Genova mentre mi apprestavo a riprendere il treno per Cesena, il giorno dopo la diagnosi (era il 1993).

Ero già sul binario alle 8 di mattina e vedo Paola Giovetti, a pochi metri da me. Io ero una sua grande fan, ho letto molti dei suoi libri e ho acquistato la rivista Astra per anni solo per leggere la sua rubrica, che era la più sensata ed *equilibrata* in accordo con la mia percezione nel contesto esoterico. Lei è una nota esperta, scrittrice e traduttrice di paranormale e in particolare di angeli.

Mi sono avvicinata e le ho detto: "Paola io considero vederla qui oggi come un segno" mi guardava sorpresa "In poche parole... mia sorella ha scoperto ieri di avere un grave problema di salute, le chiedo la prima cosa che le viene in mente" quasi balbettavo dall'emozione perchè non sapevo neanch'io cosa volevo da lei e neppure lei doveva aver capito un granchè.

Mi disse "A Colombarone in provincia di Pesaro c'è Rita Cutolo una guaritrice di cui ho molta stima. Non so che altro dire mi è venuto in mente questo... mille auguri".

Per molto tempo accompagnai Luisa da Rita Cutolo che le imponeva le mani e il suo fluido guaritore, che sorpresa scoprire che riceveva a circa un'ora da dove abitavo! Investivamo tutta la giornata tra andare e aspettare il nostro turno in mezzo a decine e decine di persone ammalate che arrivavano lì da tutta Italia, e rientrare.

Un volta Rita mi fece capire che Luisa non ce l'avrebbe fatta, lei vedeva (10 anni prima) un Disegno diverso, mai lo confidai a nessuno.

Quando dopo cinque anni Luisa fu considerata *guarita* pensai con soddisfazione e sollievo che la Cutolo si era sbagliata o le cose avevano preso un altro percorso.

Ricovero immediato al San Martino di Genova e autotrapianto sperimentale del midollo, era in quel momento una tecnica agli esordi. Il reparto dove ha vissuto circa un mese in isolamento era inquietante.

Una trentina di persone, soprattutto giovani, giravano senza capelli e con la mascherina sul viso in un percorso senza troppe prospettive se non la forza della fede, per chi l'aveva, e l'urgenza di essere baciati dalla fortuna.

Luisa dovette fare due volte l'autotrapianto (il primo lo aveva rigettato) e malgrado fosse un percorso doloroso e spaventevole non si lamentava, era sempre sorridente, rafforzava la sua motivazione anche trascinando i suoi colleghi di camerata a duellare con la malattia come se fosse stato un avversario concreto da ribaltare e riposizionare a proprio favore.

Considerava il male un antagonista visibile, in un certo senso sincero e leale, e lei comprendeva, anche tramite tutto il percorso spirituale precedente, che il suo disagio interiore l'aveva condotta al cortocircuito conclamato dal suo organismo.

Era in quel momento un'attiva Luce splendente, un fiore tenero che profumava di Amore.

Tutti i corsi e i percorsi spirituali che avevamo compiuto li avevamo messi in opera, inclusi i primi seminari italiani fatti con gli allievi formati da Louise Hay, il nostro testo era "Puoi Guarire la tua Vita".

Luisa creava percorsi personalizzati per le sue affermazioni

Io sono pronta a lasciarmi andare
Io mi rilasso. Io mi lascio andare
Io mi libero di tutta la tensione
Io mi libero di ogni paura. Io mi libero di ogni rabbia.
Io mi libero di ogni senso di colpa
Io mi libero di ogni tristezza
Io mi libero dei miei vecchi limiti
Io mi lascio andare e sono in Pace
Io sono in Pace con me stessa
Io sono in pace con il processo della Vita. Io sono al sicuro.
(trovata nei suoi appunti di esercizi)

Dei trenta pazienti nel reparto intensivo ne uscirono in due, Luisa era "il miracolo" perchè di tutti era la più grave e ne uscì trionfante, dopo il periodo di prognosi preposto a constatare l'attecchimento delle nuove cellule sane.

Affrontò le chemio con una determinazione straordinaria, stava male ma non malissimo, tutta la sua essenza era in atto verso un miracolo concreto.

Diceva "Non ho vomitato quando ero incinta di mia figlia non reputo necessario farlo per la chemioterapia che mi sta aiutando in un viaggio verso la guarigione". Anzi trovava geniale la depilazione generale data dalla chemio, la sua pelle era liscia come seta e scherzava col suo medico caldeggiandolo a inventare un farmaco per eliminare definitivamente peli e cerette e farne un brevetto che lo avrebbe reso ricco e famoso!

Senza capelli era splendente. Una dea aliena dai lineamenti e il cranio perfetti. Non usava parrucche e i cappelli, che aveva sempre indossato d'incanto, li metteva solo per il freddo o quando c'era troppo sole.

Nei periodi in cui non era troppo gonfia per gli effetti collaterali delle cure e del cortisone, si divertiva un mondo a vestirsi e truccarsi anche in modo provocante e pure nelle terapie al day hospital - che quando era in Romagna le era somministrata nello studio del medico.

Ricordo una mattina che, entrando in minigonna e rossetto rosso fuoco, il primario ridendo le disse

"Teniamo la porta aperta non vorrei che fuori pensassero le faccia delle avances"

e lei serafica

"Se devo morire voglio farlo da strafiga". Luisa era consapevole della propria bellezza, dell'effetto visivo che provocava, una raffinata accesa, e riusciva ad avere anche durante la malattia la stessa elegante classe di quando era in piena forma.

Sapeva di essere bella, di piacere ma allo stesso tempo una costante disistima avviliva il suo animo e la poneva come la persona più semplice, generosa e indifesamente fiduciosa che abbia mai conosciuto. Lei voleva l'amore, lo voleva da sempre e per sempre, e lo immaginava in un uomo con cui condividere la sua esistenza e il suo perenne bisogno d'amore.

"Molti hanno tentato di capire perchè l'uomo non è felice, bene, io sono arrivata alla conclusione che se si fosse sempre se stessi, se ci si sentisse pienamente realizzati, se si facesse sempre ciò in cui si crede e se si avesse accanto la persona che si ama... si sarebbe veramente felici!

P.S. Purtroppo con troppi "se" non funziona mai!!! (Che conclusione amara!)"

luisa
20 febbraio 1982

Il nostro legame si era enormemente rafforzato. Una faccenda grave come la sua malattia ci aveva consentito di rimetterci reciprocamente nelle rispettive priorità, facendoci riscoprire ancora più amiche, compagne, complici e sorelle, unite saldamente come non mai.

Sono stati anni di grande ricchezza, di vita viva, di speranza e gratitudine, di confronti, di costanti contatti, si era formato un infinito legame che non ha paragoni con nessun rapporto che io abbia mai vissuto.

"E' un grande amore che mette soggezione e quasi crea invidia, tanto è luminoso ed empatico. Entrambe molto belle. Devo dire che qui, non solo Luisa è speciale, ma anche Silvia Paola è di una bellezza superiore alla bellezza sensuale o romantica... e si potrebbero raccontare tante altre cose che le parole potrebbero sciupare..."
(commento di Rosario del Vecchio su Facebook)

L'estate veniva oltre che a curarsi anche per vacanza in Romagna. Lei e Silvietta stavano con me accolte con vero cuore anche dal mio ex marito, che si è espresso in questa lunga avventura in tutta la sua generosità d'animo, gliene sarò per sempre grata esprimendo lo stesso pensiero affettuoso che aveva Luisa per lui.

Dopo i primi momenti (che durano anni in complessi sdoppiamenti dell'io) di incredulità perchè un pezzo di te, importante e fondamentale non c'è più, il giorno dopo la sua morte l'adrenalina mista alla disperazione mi facevano urlare, al largo per pudore verso mia nipote, non per le mie grida ma per le lacrime che non riuscivo a trattenere, "Luisa lo faccio per te, nuoto e mi immergo per te, con te, perchè io sono te!" gridavo all'assurdamente calda estate 2003, mentre nel mare dolce di Boccadasse, col mio ex marito e sua figlia, facevamo un bagno come automi viventi.

Qualche giorno dopo io e Silvietta in una giornata grigia e chiara andammo a fare una passeggiata in spiaggia, eravamo a Quinto, ricordo ogni dettaglio come un film. Io ero in un'altra dimensione.

Mi attaccavo aperta a mia nipote in modo che si potesse attaccare a me come voleva. Non parlavamo di Luisa, eravamo in una specie di euforia isterica, senza senso e fuori luogo. Era come se non fosse accaduto nulla, eravamo nel pieno qui e ora di quella spiaggia con il mare agitato, una strana oasi di tempo.

"Luisa amore dacci un segno", l'avevo pensato già molte volte in quei giorni, ancora non concependo perfettamente che lei non c'era più, più, più. Un'onda un po' più forte delle altre ci portò in mezzo ai piedi nudi un bracciale d'acciaio elastico, andavano molto in quel periodo i nomination, personalizzato con 12 cuori di cui uno un po' ammaccato, gli intatti sono 11.

Luisa mi diceva sempre che come rideva con me non lo faceva e non lo aveva mai fatto con nessuno, anche se abitavamo a 400 chilometri di distanza.

Tra le due ero la più pagliaccia e malgrado me, come spesso dico, anche la più allegra di carattere e sentivo che lei traeva grande motivazione da questo.

Un tempo strano e sospeso durato anni. Lo trascorrevamo sentendoci spessissimo al telefono per ridere, parlare seriamente e a progettare il futuro, che lo pensavamo comune, non so come e perchè essendo io all'epoca sposata, ma noi ci immaginavamo in avventure di vita insieme.

Io andavo appena potevo in Liguria e tra l'altro questo ha coinciso al mio uscire di casa da sola. Era un ambito complicato, a livello di abitudine alle minime libertà personali quello tra me e il mio ex consorte.

Semplicemente il raggiungerla dai miei, dove ormai viveva, e stare un po' con lei era una cosa che non avevo mai fatto in tanti anni di vita di coppia.

Anche su questo tasto, sul *riacquisimento* della mia indipendenza emotiva e fisica, Luisa ha lavorato inconsapevolmente (forse) almeno tanto quanto me.

Molte volte ci siamo stupite che parecchie persone che non sapevano della sua vita privata (e della mia esistenza) la chiamavano Silvia mentre a me capita ancora adesso che qualcuno mi chiami Luisa dopo esserci presentati. Piccole presenze.

Eravamo due grandi lettrici, sperimentatrici di spirito e di materia sempre con una buona dose di senso dell'umorismo.

Le più belle mangiate, e bevute, le ho fatte con mia sorella. Alla faccia di qualsiasi palestra o dieta, che raramente mettevamo in atto per arginare i debordi, mangiavamo con famelica allegria e ogni occasione era buona per brindare. Avevamo un metabolismo formidabile!

Appena saputo della malattia Luisa aveva voluto l'accompagnassi da un medico macrobiotico per farsi prescrivere un percorso alimentare disintossicante personalizzato.

Era partita in quarta, il suo entusiasmo nell'essere parte attiva alla propria guarigione l'avevano fatta scegliere di seguire quella "dieta" impegnativa, una sorta di digiuno a base di rape e cipolle, che in 7 giorni l'aveva portata alla completa apatia e tristezza.

Non si sentiva gratificata, era avvilita e demotivata e scelse quasi subito di allargare il suo regime alimentare alla macrobiotica classica.

E dopo poco tornò a mangiare con gusto in modo normale, come se fosse stata sana e in piena forma.

Non ha mai neppure rinunciato a fumare, diceva che se *doveva* vivere lo avrebbe fatto a modo suo.

6

Luisa negli ultimi tempi aveva trovato un part time presso il call center della regione Liguria.

Guadagnava davvero poco, era un'agenzia e non direttamente la regione che gestiva l'ufficio, era stimata e molto motivata per il semplice fatto di essere in un gruppo di lavoro sostanzialmente gentile con lei.

E così riusciva a dare un motivo emotivo di vita alle sue giornate. Anche quando era in chemio cercava di essere sempre presente in ufficio collaborando con gli altri, per la sua disponibilità si era ben presto guadagnata il rispetto e la stima dei suoi colleghi.

Sperava sempre con molta ansia in un amore che corrispondesse al sogno che voleva fosse la sua vita. Il suo look passava dalle chiome lunghe alla testa pelata ai capelli cortissimi, che le stavano meravigliosamente.

Era sempre molto bella malgrado i tanti chili accumulati con le terapie che la stavano devastando e per il poco funzionamento del suo sistema linfatico.

Con la cura fatta dall'inizio fino al termine dei primi cinque anni (1993 1998) e tutta la sua buona volontà nonchè, ormai credo, con un supporto divino, la sua salute si era ristabilita. Così dicevano i controlli, così diceva lei. Per cinque anni un iter straordinario e con stupore dei medici, arrivò all'ultima fase dei controlli stretti e si apprestava a considerarsi "fuori zona rischio".

Un atteggiamento che mi preoccupava era la sua significativa mancanza di motivazione verso un obiettivo reale e concreto. Di fronte alla malattia era stata una leonessa, ci aveva messo tutta la sua caparbia volontà. L'avversario era solido e monitorabile.

Aveva ricominciato a lavorare appena aveva potuto, non aveva una professione stabile e si apprestava a sperimentare percorsi che le portassero un po' di soldi mensilmente, ma nel tempo libero stava molto, troppo a casa da sola. Certo si doveva occupare di sua figlia ma le sue frequentazioni erano quasi unicamente persone profondamente religiose.

Papà la chiamava suor Luisa tanto era eccessivamente attratta da quell'ambiente più di qualsiasi altro. Probabilmente non riusciva a sentire "nel fuori" la stessa dose di amore che traeva dalla condivisione della sua fede con altri esseri come lei.

Purtroppo anche essere tornata ad abitare nella casa dei nostri genitori dopo molti anni vissuti in un'altra città e un'altra dimensione, per quanto sia stato per lei un sostegno pratico, necessario e indiscutibile, la faceva sentire un po' depressa. Sentiva che la propria libertà veniva limitata e a volte le mancava l'aria in una convivenza da riposizionare per far quadrare le abitudini e i caratteri di tutta la famiglia ormai adulta.

Al 5° anno nell'ultimo controllo venne riscontrato un problema. Si era ripresentato un rigonfiamento anomalo di linfonodi nella milza. Era sconvolta e incredula ma ricominciò con fiducia la via delle chemio. Altri tre cicli di cure. Stava meno bene che nella prima fase, ora la terapia la indisponeva ma ce la metteva sempre tutta.

Il meglio di sé lo dava nel resistere al male, in un certo senso "il problema" era un inconsapevole palcoscenico per lei. Aveva avuto bisogno di nuovo di ammalarsi per superare o dimostrare qualcosa? Non sapevamo che pensare.

Le teorie? Non ci stavamo più dietro. Io mi ero riavvicinata alla chiesa, la mia era una fede "costretta", quella che stavo vivendo in quel momento, ma andavo a messa e accendevo candele per lei. In quel periodo ancora costruivo gioielli e le facevo bracciali e rosari con croci e angeli che apprezzava moltissimo. Andai anche da santa Rita per portarle l'olio miracoloso e da Padre Pio a pregare per lei.

Ero davvero immersa in quel Dio che conoscevo da piccola e con la massima fiducia imitavo la sua fede, pur con le dovute misure e conoscenze, ma sempre mi indebolivo all'effetto minaccia e colpevolezza che (a me) la chiesa e le sue cose mi hanno sempre comunicato.

Una delle ispirazioni/sogno/sensazioni che ho avuto quest'anno è una frase concetto arrivatami nel dormiveglia:

"Gli angeli ci salvano sempre anche dalle più terribili malattie (incidenti o pericoli). Ogni giorno ci svuotano dall'enorme dose di negatività che accumuliamo che potrebbe procedere in un disordine grave fisico energetico e ci portano avanti fino a che il nostro Disegno non sia compiuto".

Il mio subconscio mi rendeva noto che se continuiamo a vivere o ci riabilitiamo da qualcosa che ci ha minacciato anche gravemente, questo non riguarda solo noi ma tutte le persone con cui abbiamo a che fare e con le quali condividiamo, o con moltiplichiamo, il nostro percorso terrestre.

Perchè ogni vita è collegata da milioni di interazioni con molte altre vite fino a comporre l'intera rete del pianeta. Un film che amo moltissimo, è il mio preferito da sempre, lo racconta con una simbolica e ingenua dolcezza "La vita è meravigliosa" di Frank Capra 1946. Caspita! Lo comprendevo fin da piccola senza "saperlo".

Luisa quando riusciva veniva a stare un po' da me e se c'era l'occasione organizzavamo cose interessanti. Un evento che ricordo con particolare emozione è stato il convegno in Savoia (Francia) col Dalai Lama nel 1997.

Lei, Silvietta, io e il mio ex in camper per 5 giorni. E solo per noi due le cinque giornate piene, fatte di benedizioni e meditazioni buddiste, insieme a migliaia di persone in un enorme tendone in una regione e stagione di pioggia e fango, ma il nostro entusiasmo era solerte, solare e senza limiti.

Fin dal mattino presto ci immergevamo in file interminabili di persone per accedere al posto, ascoltavamo per ore anche senza capire un granchè, prendevamo appunti ma soprattutto godevamo di quell'atmosfera energetico mistica e miracolistica in cui vivevamo all'epoca. Una bellissima esperienza piena della nostra fervente fiducia e del nostro essere insieme che ci rendeva invincibili.

Ricordo anche un divertente viaggio a EuroDisney Parigi, sempre in camper, dopo essere stati qualche giorno in un piovoso e grigio Belgio per lavoro.

E quante altre belle gite dove la coinvolgevo che si andasse per piacere o professione.

Lei adorava la musica meccanica (il mio ex è il fondatore di un piccolo festival internazionale in provincia di Rimini) ed era sempre felice quando poteva venire con noi nelle varie località dove andavamo a conoscere colleghi collezionisti o i più prestigiosi, o strampalati, suonatori di pianole a manovella da invitare al nostro festival.

Intanto purtroppo la malattia invece che acquietarsi si era fatta di nuovo aggressiva, e la chemio era ricominciata più massiccia di prima perchè il linfoma stava galoppando. Le sue vene non reggevano più gli aghi, cominciava ad avere paura e a essere demotivata. Io avevo iniziato a perdere ciocche di capelli in più punti sopra la fronte e questo è stato concomitante all'epoca della seconda ricaduta di Luisa nella malattia.

Non sono mai riuscita a spiegarmelo, a interpretare perfettamente il perchè... se è accaduto per paura, per shock o che ci fosse una parte di me che si allineava per morire con lei o almeno a soffrire in modo *coerente*.

Dopo un anno e mezzo di inutili cure con il minoxidil (una lozione usata da chi vuol arginare una calvizie precoce) decisi di sottopormi a un autotrapianto di capelli per rinfoltire la fronte in più punti perchè non sopportavo più di pensarmi in una situazione di visibile difficoltà senza riscontri oggettivi che non riuscivo a superare nè arginare.

Nel frattempo il mio matrimonio vacillava, da tempo ero in una condizione mentale di stress e desideravo svoltare alcune cose nella mia esistenza che era in disequilibrio, ma non riuscivo a individuare quali fossero.

Ero avvilita, disperata, impaurita e immobile. Ero in un momento di confusione e mi sembrava che tutto il mondo stesse per travolgermi su più fronti. Ma mi imponevo di essere forte, lucida e brillante, una compagna certa e solida almeno per Luisa. E anche per i miei.

Lei era, per come poteva e riusciva, forte e stabile in questo suo calvario ma quante volte l'ho sorpresa a piangere nel suo letto abbracciata al vangelo, quante volte l'ho coccolata, consolata, massaggiata e curata con l'energia universale, il reiki, e ogni altra tecnica vibrazionale che avevo studiato con passione anche per poter fare qualcosa con e per lei.

Cercavo di inventarmi strategie di condizionamento mentale mentre notavo che era sempre più affaticata, molto anche sul piano della fiducia e della speranza.

Se eravamo insieme aveva più coraggio, facevo del mio meglio per organizzarmi e poterle stare più vicino possibile.

Andavo a Genova una volta alla settimana e partecipavo con lei anche alle lezioni di qi gong che un illuminato e giovane medico aveva organizzato in maniera sperimentale all'ospedale S. Martino, per innalzare e potenziare la crescita di energia vitale nelle persone che erano in cura nel suo reparto.

Nel maggio del 2003, una primavera da incubo immersa in un'ondata di caldo senza precedenti, la situazione precipitava. Luisa era gonfia ovunque. Ricordo che eravamo in bagno a Genova e mi disse che si sentiva come una spugna intrisa d'acqua.

Non riusciva a mangiare, sentiva del liquido ovunque dentro di lei che la sommergeva.

Non voleva disturbare il primario referente, pensava, e noi lo pensavamo con lei, che quel maledetto caldo le avesse fatto sballare i circuiti. Fu ricoverata e la situazione, anche se non lo sapevamo, e non avevamo intenzione di saperlo, era senza ritorno.

Io dormivo in ospedale con un sacco a pelo per terra accanto al suo letto, mi avevano accordato dietro mia insistenza questa anomalia di supporto. Dormivo stando in un certo senso sveglia, ogni desiderio che esprimeva era esaudito a tempo di record, che fosse un sorso d'acqua o un paio di calzini perchè era congelata dentro e fuori.

Passavano i giorni e gli esami quotidiani per capire in che situazione fosse. Non ricordo quanti giorni siano stati, presumibilmente pochi ma nel ricordo mi sembrano mesi, il tempo in quel contesto era a rallentatore.

Le misero l'ossigeno, lei sorrideva paziente e diceva che finalmente poteva respirare, che quell'afa l'aveva sbalestrata di brutto e che adesso si sentiva meglio.

Non si capiva come sarebbe evoluta la situazione, continuavamo a stare in ospedale sperando un miracolo qualsiasi.

Fu trasferita in terapia intensiva, le misero un tubo in gola per farla respirare e una sonda per svuotare l'intestino. Aveva più manipoli e tubicini attaccati al corpo di qualsiasi essere che io abbia mai visto.

Quando entrai a trovarla in quel reparto d'emergenza, in cui si poteva stare solo pochi minuti bardati di mascherina, cuffia, copri abito e copri scarpe per limitare i batteri dall'esterno, mi sorrise dicendomi che aveva intenzione di restare davvero poco lì dentro.

E vedendo i miei occhi riempirsi di lacrime sorrise ancora prendendomi in giro con una voce piccola e affettuosa "Sei tenera e bianca come una mozzarella, ti voglio bene e soprattutto non piangere perchè mi fai paura".

Anche quando ci chiamò il primario, eravamo io, mamma e papà, per dirci chiaramente che era questione di ore non riuscivamo a comprendere quelle parole.

Il 22 giugno 2003 alle 11,30 Luisa partiva per il Cielo e con lei una grande parte della mia realtà.

Il pensarla incredulamente era diventato il percorso non-stop del mio cervello, un lunghissimo periodo con l'ossessione di pensarla, l'incapacità a gestire poco o nulla di me, il mio equilibrio che afferravo con i denti, e dovevo distribuirlo anche ai miei, la mia fede a tavolino fatta di ricerche in ogni direzione dietro un irraggiungibile e polverizzato bisogno di pace interiore. Ogni stato d'animo nei confronti di mia sorella col tentativo di collocarla e collocarmi è durato anni.

Ero arrivata all'overdose e al rifiuto. Ritenevo d'aver sistemato la faccenda dentro di me, lei era là nel *di Là* in cui non solo credeva ma *Sapeva* l'esistenza e io speravo che lei fosse davvero lassù, ancora carica di quell'energia investita per leggere, nell'impegnarsi a guarire, a pregare, a sperare, a diventare la totale fervente che sentiva in lei.

Un'energia intensificata durante la malattia che io trovavo una risorsa mal spesa e poco "sana".

Non mi sembrava si divertisse abbastanza, che non godesse della sua vita nel qui e ora, che non respirasse abbastanza aria aperta, che stesse sempre in attesa di quell'Amore totale che sperava si materializzasse in un compagno dedito e devoto.

In quello stato di mio rifiuto a ricordarla, speravo con umiltà che la sua fede l'avesse portata al quel Paradiso dove tutto è amore, luce e miele come lei immaginava.

E scacciavo il suo pensiero quando arrivava, lei c'era stata, io ero stata fortunata ad averla incontrata, ma non c'era più e l'insopportabile convinzione di non avere contatto materiale mi portava ad annullarla dai miei pensieri e dai miei ricordi. Con un fastidioso senso di colpa che non riuscivo a placare.

Perciò che non ho mai interpellato nè sensitive nè altri metodi per rincontrarla, pensavo che se avesse voluto e soprattutto potuto, mi si sarebbe presentata in qualche modo. Ero estremamente razionale ma altrettanto possibilista. Ero senza un centro e nessuna certezza.

Quando andavo a casa dei miei, dove le sue cose sono ancora al loro posto nella sua camera, ero quasi infastidita da tutto quell'ingombro, emotivo e fisico che non consentiva di "dimenticare", che non dava la svolta di pace interiore a un fatto naturale per quanto tragico e inaccettabile.

Razionalizzavo, e comunque non trovo sbagliato liberarsi la vita e la casa di un eccesso di inutili ricordi.

Fosse stato per me ero disposta a liberare la sua stanza senza indagare più di tanto a chi andasse la sua roba, c'è sempre gente che ha bisogno. Ma non ho avuto coraggio di spingere davvero con i miei, o forse non lo avevo nei miei stessi confronti, mi sentivo fredda e impaurita, soprattutto di questo mio mentale e razionale.

O ero ancora fuori dal capire che anche tramite tutte le sue cose, ogni volta indagate con una motivazione diversa, le sue raccolte, i dettagli, i libri, angeli, ciondoli e spunti per la santità, sarebbero servite per focalizzarmi in una sorprendente spirale di consapevolezza.

All'inizio del 2011 ho fatto un seminario di medianità con Barbara Amadori. Riscrivo che per scelta (una scelta che ha toccato sfaccettature di ogni tipo in base al mio instabile atteggiamento nei confronti di Luisa e del suo "non esserci più") non ho mai chiesto consulti a canalizzatori o avuto a che fare se non in modo superficiale con i contatti dall'aldilà.

Il 28 gennaio 2011 scrivo questa lettera a una amica

"Non ho ancora messo su carta delle cose che ho bisogno di scrivere e lo faccio con te, è il momento.

Non sai a volte quanto mi manca Luisa. Quando sono stata al seminario con Barbara mi è accaduta una cosa strana. A parte che ho saltato la sera del sabato in cui hanno fatto dei contatti diretti - perchè non lo avevo preventivato e perchè è stato deciso all'ultimo, visto che tutti dormivano in quell'hotel del corso - ma niente accade a caso vero? E quindi non c'ero a una sorta di "seduta spiritica" durante la quale quasi tutti hanno avuto comunicazioni personali.

Io non avevo volutamente pensato a cosa sarebbe successo al seminario, mi dicevo verrà fuori quello che deve e non ho voluto nè pensare a Luisa nè desiderare di avere notizie da lei. In realtà non la penso da tempo in modo "viscerale" perchè la mia emozione si è tramutata da anni in rimpianto e mancanza, malgrado sappia da molto come ci si dovrebbe comportare riguardo i nostri cari e con l'aldilà, ma non sempre ci riesco.

Tra l'altro è stato un periodo (nel mese scorso) in cui fisicamente c'erano delle cose che mi disturbavano, a volte durano così tanto che alla fine penso sempre "Bene, accada ciò che deve, tanto che devo fare di veramente importante io di qua, andrò ad abbracciare la mia sorellina".

Domenica mattina durante l'esercizio di guarigione (in coppia) dove ognuno doveva percepire qualcosa da alleviare nell'altro, io sono stata l'unica con un feedback negativo. Appena Barbara ha spiegato che cosa dovevamo fare ho cominciato a stare male, sempre più male (una morsa alla gola, proprio fisica come un ferro che mi premeva, non riuscivo ad ingoiare) e un macigno sul cuore.

E' stato pesantissimo finire l'esercizio sul mio compagno e mentre ero io la beneficiaria speravo che lui mi appoggiasse le mani immaginando che venissero calamitate da quell'atroce male, avrei voluto prendergliele e appoggiarle sul mio esagerato dolore ma le istruzioni erano chiare, ognuno doveva captare da solo l'energia disturbata e il senso era quello... trovarla e sentirla.

Più volte mi sono stupita come non *riuscissi* a svenire tanto era profondo il malessere che avevo in corpo.

Mi pareva impossibile che almeno Stefano, il ragazzo sardo con cui scambiavo non lo sentisse. Finito l'esercizio ci siamo seduti in cerchio e abbiamo raccontato ognuno la sua.

Ero un po' dispiaciuta di dover dire quello che avevo vissuto, tutti riferivano di aver provato cose incantevoli, io ho un po' minimizzato la mia esperienza raccontandola, ma per me è stato un incubo.

Stefano, riferendosi a me, ha detto che dalle mie mani usciva un calore "disumano", ha usato proprio quella parola.

Piano piano (piano!) si è stemperata la sensazione di morsa, cioè nel pomeriggio dopo un'altra serie di lavori tra cui l'esercizio con le foto dei nostri cari, nel quale dovevamo dire la sensazione che quei compagni di vita ora dall'altra parte ci comunicassero, da riferire ai loro congiunti (dovevamo in pratica canalizzare).

Una ragazza del mio gruppo che ha "analizzato" la foto di mia sorella, ha detto agli altri qualcosa di carino per me da parte di Luisa (mentre come durante tutto il seminario condividevamo collettivamente gli esercizi una volta terminati) e poi mi ha sussurrato "devo aggiungerti qualcosa dopo in privato".

Mi ha detto che ha sentito una voce (di Luisa? - poi sai in quei casi la razionalità si sovrappone all'interesse e alla curiosità, ci stanno pure tanti *dipendenti* in quegli ambienti che si nutrono solo di messaggi e contatti e tralasciano la Vita o la filtrano attraverso solo quello che i canali che cercano incessantemente dicono).

Mi ha detto quello che la voce "di Luisa" le ha comunicato, o almeno lei la intendeva così (la frase era più incisiva e non ricordo i dettagli): "Devi fare un lungo lavoro tu, non voglio vederti di qua, verrò io a trovarti"..

Ho avuto un flash nel tardo pomeriggio quando ormai stavo fisicamente bene: Luisa quando è andata via aveva un tubo in gola (tracheotomia) e il problema per cui stava partendo non era il linfoma ma una chemio senza controlli e il cuore disfatto ormai non ne poteva più (tra l'altro a riguardo c'è stata anche una causa di malasanità vinta dalla mia famiglia dopo parecchia fatica perchè c'era chi tirava perchè l'indagine fosse insabbiata).

Quando l'ho detto a Barbara (mi sembrava un'intuizione assurda, non potevo credere a un messaggio tanto "crudele" da parte di mia sorella) mi ha detto "è possibilissimo, è perciò che noi canali spesso a fine giornata siamo esausti, non solo per l'energia psichica che investiamo ma perchè abitualmente ci fanno sentire anche le loro situazioni fisiche (che avevano in vita) per inquadrare al meglio la loro identità".

Questa angolazione mi ha cambiato delle percezioni, dei pensieri.

Forse se avessi sentito il suo profumo o qualcosa di tenue la mia mente avrebbe resettato come altre sue *cose* capitate nei giorni dopo la sua partenza (tipo quella chiamata impossibile dal suo cellulare mesi dopo la sua morte) e durate per anni senza che io le classificassi e le inglobassi diversamente.

Spesso la sera prima di dormire sussurro il suo nome, e cerco la sua presenza quando mi ricordo durante il giorno, ma la sera è un rito e quasi ogni sera mentre la focalizzo, sento un senso di freschezza sul viso, come delle folate di aria fresca. Il razionale interviene, ma oggettivamente lo sento e sono ancora più che sveglia. E' un grande, grande sollievo e un'apertura reale, e non razionale o speranzosa".

Da molto tempo i segni erano chiari ma la mente non era completamente pronta..

"Luisa, mia sorella, era morta in quell'assurdamente afoso giugno del 2003. Avevo voluto tenere con me alcune sue cose, tra cui il suo telefonino (avevamo scelto insieme quel numero pieno di 3 e 8 suoi numeri preferiti ma soprattutto conteneva ancora dei messaggi che ci eravamo scambiate e li leggevo e rileggevo con amore, dolore e rimpianto). La sua morte naturalmente aveva sconvolto la nostra famiglia, soprattutto mamma non si dava pace.

In agosto con Franco, allora mio marito, accettiamo l'invito in Sardegna di Luisa e Piero una coppia di amici. Il telefono di mia sorella lo lascio a casa, dentro una borsa chiusa in un armadio.

Da quel numero, mentre non "sarebbe stato possibile", è arrivata una chiamata (o meglio mamma ha sentito un suono come fosse un messaggio) verso il telefono di mia madre, senza orario e senza altri dettagli identificativi eccetto il numero da cui era partito.

Uno dei miei fratelli, non riuscendo ovviamente a capire come fosse stato possibile, ha fatto la foto al display del telefono di mamma per ricordare questo misterioso fatto.

La cosa in modo differente, mentre questo cellulare l'avevo ancora io, si è ripetuta un'altra volta.

Mia madre ha sentito il trillo e non è riuscita a prendere la chiamata constatando poi, con sgomenta gratitudine, che il mittente era sempre il numero di Luisa".

7

Una serie di intrecci che diventano mappe di vita.

Le persone che più mi hanno fatto dispetto a lasciare questa dimensione sono tre: Luisa, la mia adorata nonna Tina e il mio grande amico Piero G.

Nonna Tina era la mamma di mia mamma, ne ho molto parlato anche in "Amore da conquistare e con cui stare". Una donna straordinaria di cui ho l'onore di averne il gruppo sanguigno (l'unico 0 della famiglia, abbiamo un individualismo generoso :) lo possiamo donare a tutti ma riceverlo solo dal nostro gruppo).

Ultimamente un segno importante dalla nonna mi è stato dato col I° Convegno Angeli e Luce titolato a una sua omonima: Tina era il diminutivo del mai usato Annunziata, ogni tanto la chiamavano Nunzia, la cui etimologia è "messaggero" il mestiere degli angeli, e di cognome faceva Papa, insomma mica come Rossi o Bianchi se non un punto a favore un "segnino" lo è, vero? E si chiamava pure Luigia cosìcchè Luisa è stato un ingentilimento in onore del secondo nome della nonna.

Nonna Tina era femmina, femminista, infermiera e socialista nel senso più puro del termine. Aveva una fede salda che ammiravo perchè era schietta, concreta e poco tradizionale.

Non aveva paura di nulla, sapeva chi era e quanto valeva, che poteva contare su se stessa e si poteva contare altrettanto su di lei.

Si poneva sempre in modo diretto e amichevole con tutti ma era anche capace di litigare, in modo sottile e affilato, mai per attaccare ma se necessario a difendere le sue idee e la sua autonomia, di pensiero e di azione.

Ricordo quando il prete andava a confessarla, durante i suoi rari momenti di impasse fisica. Aveva scelto di abitare in una scomoda campagna fuori mano e non aveva la patente, e mi stupivo di quanta fede avesse, malgrado l'evidenza espressa dai suoi coetanei ancora fortemente condizionati da un'epoca restrittiva e religiosamente punitiva.

Era un esempio intelligente, aperto e arguto e un concreto riferimento su molti fronti.

Nonna era molto legata a noi nipoti che ricambiavamo con molto affetto e tanto desiderio di passare del tempo con lei. A turno trascorrevamo le vacanze di scuola con lei, e per tutti noi bambini era una festa.

Le piaceva cucinare, cucire, lavorare a maglia e fare il pizzo al tombolo, ed era un'appassionata di parole crociate che aspettava impaziente l'uscita della settimana enigmistica.

Era generosa, di una dolcezza tutta sua, possibilista, divertentemente dissacrante e per niente autoritaria ma aveva un polso fermo e la sua parola valeva.

Parlava alla pari anche quando eravamo dei piccoli e molesti rompiscatole, la rispettavamo ed eravamo molto legati a lei anche per questo. Che Donna grande, e che grande esempio!

La rispettavamo ed eravamo molto legati a lei anche per questo.

Morrnah Nalamaku Simeona ha un contatto diretto con mia nonna e con Silvietta, l'unica figlia di mia sorella, e per un errore con Luisa stessa. La riformulatrice di Ho'oponopono ancestrale e fondatrice di Ho'oponopono dell'Identità del Sé è mancata l'11 febbraio (1992) che è il compleanno di nonna Tina ed era nata il 19 maggio, che è il compleanno di Silvietta.

Anna Kligert, allieva e collega polacca della Simeona segnala sul suo sito la morte di Morranh datandola 11 novembre 1992, che è il giorno di nascita di Luisa. Molto probabilmente la Kligert si è confusa con l'ultima regina delle Hawaii, Queen Lili'uokalani, che lasciò questa terra sì l'11 novembre ma del 1917.

Il tempo non esiste (o quanto meno è relativo) e tre o più porzioni di eternità si sono incastonate con date importanti nella rete di connessioni della mia vita.

Silvietta, come mia sorella la volle chiamare per amore di me, vivrà con un vezzeggiativo perenne nato per dividerci lo spazio tra due Silvia.

Io ho assistito al suo parto. Viareggio, 19 maggio 1991 tre di notte in ospedale: Luisa, io e lei in arrivo, un'emozione indescrivibile. Tanto che mia sorella diceva che la bimba aveva per me l'effetto descritto da Konrad Lorenz sul comportamento delle papere, essendo appunto io la prima persona vista da mia nipote mentre arrivava al mondo, che da piccina, quando eravamo insieme, mi stava incollata come un francobollo.

E' bellissima, capelli lunghi rossi rame naturale, unici e rari come la sua intelligenza.

Può essere, con pochissimi eletti, anche affettuosa ma sarcastica e dissacratoria con tutto il resto del mondo. E' certe volte di una strafottenza così sgradevole che rasenta l'insensibilità. Ha vent'anni e non è di così semplice gestione la vita in comune con i suoi nonni, per nessuno di loro.

Ha delle genialità e un'elasticità da zingara che le porterà buone cose se riuscirà ad allinearle alle sue scelte in accordo con i suoi talenti.

Quello che ritengo in generale più pericoloso (e ne so!) è l'attaccamento alle cose e alle abitudini. Abbiamo il timore di cambiare noi stessi per il timore di doverci giustificare con molti. O l'incapacità di riorganizzarci la vita a seconda di quello che siamo diventati e non di quello che pensiamo di dover essere o gli altri si aspettino che noi si sia.

Così rinunciamo al cambiamento investendo una dose di energia superiore per tenere attaccati col nastro adesivo i pezzi di situazioni, cose e persone che dobbiamo necessariamente lasciarci alle spalle per accedere ad altro.

Tutti siamo collegati non solo cosmicamente ma anche, a volte in maniera troppo limitante, da parte del nostro ego che sta più *pesante* che può. Gli diamo troppo credito non capendo che la sua presunta saccenza e protezione è una fottutissima paura.

Non aver paura del domani e confidare sempre nel meglio è la più preziosa risorsa a nostra completa disposizione nell'eterno qui e ora, quella sostanza che costruisce l'attuale adesso, e il prossimo dopo, per tornarci alle spalle nel cerchio di un'unica energia "del/nel Tempo".

E' forse perchè l'effetto papero ce lo si comunica, Silvietta è per me una delle persone più importanti che esistano nel mio qui e ora. Non perchè è figlia di Luisa, nè perchè sono sua madrina ma per sua struttura e motivo oltre la mia conoscenza, sento di amarla senza riserve.

Ci sentiamo poco e ci vediamo meno ma c'è un legame 'nostro' nato da subito, che me l'ha fatta trattare da *grande* fin dall'inizio, nel modo più onorevole e rispettabile del termine, come faceva con me mia nonna Tina.

Ha iniziato nel 2011 l'università in infermieristica, come sua bisnonna Tina.

Piero G. è stato per me amico e grande esempio di uomo in crescita verso la sua pace interiore quanto alla creazione di una geniale prosperità economica data unicamente dalla sua intelligenza, dall'impeccabile etica e dalla sua intuizione.

L'ho conosciuto insieme al mio ex marito Franco, a Venezia su una barca a vela in festa nel 1985. Loro erano grandissimi amici e lontani cugini.

Piero era un ragazzo povero, orfano di padre e geniale tanto che a 19 anni aveva già avviato la sua attività di commercialista, professione nella quale divenne noto e stimato.

Sviluppò nel tempo un fiuto formidabile come scopritore di pittori talentuosi e sconosciuti, di cui acquistò tele che divennero importanti investimenti economici. Un personaggio riservato, acuto, grande viaggiatore, animo cristallino, generoso, di un'intelligenza complessa e fulminea.

Con Piero c'è sempre stato un legame di segno (gemelli), di grande rispetto empatico e fa parte di una singolare sequenza di nomi propri concatenati al mio percorso.

Quando conobbi Franco (il mio ex marito) e Piero G. avevo da poco terminato una relazione con un veneto, Piero (di nome) Franco (cognome).

Piero G. aveva appena cominciato una storia con Luisa R., mentre mia sorella Luisa iniziava due mesi dopo una relazione con Franco D.

L'ex moglie di mio marito Franco si chiama Gabriella come la mia migliore amica, e Silvia è stata battezzata la figlia di mia sorella Luisa e Franco D. Franco è anche il nome del mio miglior amico.

La mamma di Piero G., che era una formidabile lettrice di tarocchi - non l'ho mai conosciuta - si chiamava Tina come mia nonna.

Flora è il cognome del mio attuale compagno e il nome dell'amica con cui ho incontrato la prima volta il mio ex marito.

Luisa in casa era chiamata Lulu Lupetta o ancora più spesso Yaya da una storpiatura dell'ultimo dei nostri fratelli che ci aveva nominato tutti nei suoi primi gorgheggi, e io sono Ya di SaYa.

Mi sono sposata con Franco (convivevamo dall'85 poichè il suo precedente divorzio è durato 15 anni) il 24 giugno 2000, io avevo 39 anni, 1939 era la data di nascita di mio marito; lui aveva 61 anni in accordo con la mia nascita 1961.

Sono stata sempre attenta anche alle date e ai numeri: tutto questo mi si mostra a 50 anni, in tempo pieno per accordare i numeri di Luisa entro il 2011 e accogliere il preoccupato (da tonnellate di potente energia psichica dai Maya a oggi) 2012.

A febbraio 2011 c'è un secondo seminario con Barbara Amadori.

Dopo poche ore dall'inizio si sente qualcosa di stonato nell'atmosfera. Barbara è più nervosa del solito, forse più stanca.

La prima giornata scorre facendo svariati esercizi di connessione telepatica tra noi. Barbara è brava a condurre i suoi corsi, ha una voce che incanta e nella sua scaletta ci porta in modalità *accessibile* anche tramite meditazioni collettive.

Finalmente la sera il contatto tanto atteso da tutti quelli che erano rimasti "sconvolti" dal tabellone serale nel seminario di gennaio. Quello in cui ognuno aveva avuto grandi doni e grande supporto spirituale.

Quello stesso corso durante il quale un mese prima avevo avuto un malessere fuori dall'ordinario e mi sento di credere che Luisa si fosse manifestata in me con i suoi sintomi finali, perchè io riuscissi finalmente a balzare nel collegamento.

Iniziamo con preghiere, raccoglimento e silenzio. Barbara è molto precisa, esige il massimo silenzio e rispetto. Nessuno deve parlare, domandare, suggerire e tanto meno uscire. Più volte chiede se eravamo tutti convinti e chi eventualmente non se la fosse sentita (cosa che diceva di comprendere) di non farsi problemi a lasciare la sala.

Mi aveva un po' inquietato questa richiesta, avevo paura che quelle minuscole pozze di apprensione e tensione riferite a milioni di pensieri non identificabili che sentivo dentro rimbombassero in qualche modo negativamente.

Cercavo di stare serena e di respirare, se ero lì c'era un motivo, doveva solo rivelarsi.

Io ero seduta vicino al tavolo ricoperto da un drappo e da un sottile cartoncino con le lettere scritte in pennarello in un cerchio dell'alfabeto, un sì e un no. Ho declinato l'invito a fare da conduttore, quattro persone alla volta che si alternavano con altri. E' stato molto, molto, molto lungo.

Non si riusciva a stabilire un contatto, anche a Barbara pareva strano, diceva che c'era qualcuno tra noi che forse inconsciamente bloccava.

Ha ripetuto ancora più volte che uscissero quelli che potevano ritenere di essere in una situazione di disagio. Nessuno si mosse. Chi parlottava, chi barbottava, c'era un'atmosfera che si tagliava col coltello.

Chi aveva avuto una parola, un suggerimento, un nome, una speranza la volta precedente non *poteva* rinunciare al piacere/bisogno di una nuova comunicazione personale da parte di un suo caro.

In questi ambienti ci sono quelli che ci transitano per uno shock e vogliono consolazione e qualche conferma dai propri cari per poi imparare a farcela con le proprie forze, e c'è chi si attacca anima e corpo alle canalizzazioni e non vive più che attraverso esse e in ragione di esse. Io stavo tranquilla.

A un certo punto una parola di troppo dei presenti e Barbara decide di chiudere la seduta. E' molto nervosa e non lo nasconde.

La serata sembra finita e usciamo tutti fuori per salutarci e commentare.

Io ero avvilita più che altro dall'eccessiva aspettativa/richiesta che si era fatta a degli esseri che evidentemente non avevano tempo o erano impegnati in altro da fare. O non erano in sintonia con il nervosismo della sala. Anche i nostri cari e gli angeli non saranno sempre e nostra disposizione per esaudire ogni nostra "molestia" o pretesa... Onestamente ero sollevata che Luisa non fosse arrivata, ci mancherebbe avere delle aspettative in una dimensione del genere!

A quel punto alcuni sono andati a casa e non si sa come, Barbara si lascia convincere a riprovare dai molti che non volevano che la faccenda tabellone finisse così.

Tutti dentro alla sala un'altra volta. Rito precedente, preghiere e per quanto mi riguarda un sano e sereno distacco, avevo già dato emotivamente al tentativo precedente. Ho pensato a tutti i miei cari lassù, Luisa, nonna Tina, Piero e molti altri e i cui nomi scrivevo sovrappensiero nel mio blocco note. Inframezzando fiori, cuori e un barlume di attesa.

In un modo che mi ha sorpreso la tazzina da caffè su cui erano posati gli indici dei quattro preposti al tabellone prese a girare vorticosamente attraverso le lettere. Ero molto vicina e con la traiettoria libera e vedevo chiaramente che tutte le dita erano *non* appoggiate ma impercettibilmente sollevate dalla coppetta.

Era come se le punta delle dita e la tazza fossero calamitate reciprocamente.

Io ero lì e allo stesso tempo in una dimensione differente "Sei sempre la mia migliore amica" ho pensato/emanato evidentemente espresso al vuoto.

La tazzina roteava sul Sì in modo impressionante, le dita non riuscivano a seguirla. Si formò un "ti amo" e poi ancora tantissimi Sì.

Non si capiva chi fosse e a chi si riferisse. Barbara fece qualche domanda poi si guardò in giro e disse "Chi è che ha pensato a qualcuno"?

La domanda era quasi ridicola. Guardava in giro poi posò lo sguardo su di me dicendo: "Hai pensato a qualcuno Silvia?"

"Sì" ovvio e le ripetei la frase che avevo partorito pochi momenti prima. La tazzina impazziva restando a roteare sul sì, poi scrisse "sì" e poi scrisse "ti visito".

Dal seminario precedente, come ho già detto, avevo cominciato a sperimentare contatti, in particolare i più *indipendenti* sono soffi d'aria fresca sul viso (che in realtà avevo già ricevuti molti anni fa, ben prima che partisse Luisa e quando mi spiegarono che era una presenza che chiedeva attenzione mi ero chiusa a muro a questa esperienza).

In definitiva, quella sera sono stata l'unica a ricevere comunque un qualcosa che mi ha colpito, e per certo ero la persona con la minore intenzione, o urgenza emotiva, per voler essere parte attiva in quel contesto.

Semplicemente perchè fermamente credo (e ora posso dire so) che se c'è una modalità di recezioni attivate, il tempo e lo spazio possono metterci in evidenza il collegamento da che è iniziato il mondo, inclusi tutti gli esseri.

Ma dobbiamo *noi* porre attenzione a tutti quei segnali che arrivano di continuo che non notiamo o mal interpretiamo. É molto importante stare in allineamento agendo come se fosse l'amore a farlo, e lasciandoci agire dall'Amore.

Il tabellone è una "prova?" Mi sembra uno straordinario dettaglio dei molti dettagli che si indirizzano per completare un gigantesco puzzle.

8

Come vivo adesso il mondo

Quella che sembra una frase contentino nei momenti di grande dolore "il Tempo è un grande guaritore" è vera, ma potrebbe essere specificata meglio come "il Tempo è un grande alchimista".

Da quando a Silvia ho aggiunto Paola, il mio secondo nome di battesimo, ho dato una reale svolta al mio passaggio nella seconda parte della mia vita.

Sembrava fantascienza l'omeopata da cui andavo che fa da sempre l'indagine energetico vibrazionale col tens (come i rabdomanti) sulla firma. E' solo una questione di (enorme) allenamento ma tutti possiamo trovare il sistema per leggere e lavorare con le energie in cui siamo immersi.

Ho vissuto una vita che è stata anche bella e piena di amore ma che in un qualche modo doveva trasformarsi per farmi procedere verso altro.

Un anno e mezzo dopo la morte di Luisa mi separavo dal mio rapporto ventennale e ricominciavo a vivere tutto da capo, in un momento che per me è stato molto difficile sia psicologicamente che materialmente.

Ho avuta molta paura, ma si è quasi subito trasformata in una paura sana, attiva, di quelle che fanno muovere e non stagnare (come ingorghi linfatici).

La storia alla conquista del mio vero sè e dell'amore, il tutto in un unico percorso, la racconto dettagliatamente in un altro parto emotivo.

Comunque mi ero lanciata fuori da quel mio passato che avevo contribuito a creare pesante e limitato per eccesso di razionalità e *buonsenso*.

Ma anche di strascichi di non virtù come la paura, il sospetto, la razionalità, il giudizio, la convenienza, l'insicurezza, insomma la piena delega della mia responsabilità al 100% che barattavo con una bandiera che sventolava nella direzione del prossimo convincente sentiero verso la luce.

La Luce sono Io.

Da che ho iniziato la pratica di Ho'oponopono la mia mente ha preso a schiarirsi come mai era avvenuto prima, malgrado una vita passata da un corso di meditazione a un libro spirituale. Tutto aveva contribuito a formare una nuova realtà dove la tecnica hawaiana aveva, con 4 parole, spazzato via tutto.

Tutti i ricordi, le esperienze, i vissuti e tutti i pensieri che non portano gioa, gratitudine e amore sempre e comunque.

Giorno dopo giorno pulizia sul vecchio sporco, e altrettanta pulizia su tutto quello che entra nei miei tre Sè, momento per momento. Anche 25 ore di Ho'oponopono al giorno, e non scherzo. E semplicemente cullando un mantra. Mi sembrava troppo facile. Ti Amo Mi Dispiace Perdonami Grazie è diventato nel dolore e nella gioia il balsamo che istantaneamente districa tutti i nodi, incluso quello d'acciaio della razionalità.

Non importa perchè, come, dove dirlo, o pensarlo o cantarlo, ma mettendo in vibrazione queste magiche parole in noi, automaticamente la realtà cambia.

Sembra facile. E' la tecnica più sfacciatamente semplice di quelle sperimentate negli ultimi trent'anni ed è stata l'unica a funzionare praticamente da subito e in modo strabiliante nel lungo periodo (di costante, metodica e fiduciosa pulizia!).

Con gli alti e bassi di tutti, con le aspettative di tutti, con la solerzia di tutti, con l'impazienza di tutti, con la *non completa responsabilità* di tutti...

Ho'oponopono lavora molto di più, e da "subito", di quanto possiamo immaginare. Usare il mantra anche senza sapere il perchè ha effetti sensazionali sulla psiche, sulla salute del corpo e soprattutto dello spirito, che quando è in allineamento tutto sana.

E anche se non ci pare ma proviamo a guardare la nostra vita dall'alto, siamo in grado di allacciare molte interazioni e contatti che il qui e ora non ci lascerebbe interpretare poichè, inevitabilmente, completamente parziale.

Riguardiamo gli ultimi 3 o 5 anni della nostra vita e quante cose sono avvenute in maniera collegata. Se il nostro immediato qui e ora è sereno, fiducioso, gioioso e in pace, sarà in grado di indirizzare e di attrarre la prossima porzione di spazio tempo di simile densità e vibrazione.

Svuotarsi con la pulizia consente anche di lasciarsi riempire da tutto il meglio dell'universo e di captare in modo più forte e chiara la nostra missione di nascita.

Quando il canale è costantemente pulito è impossibile agire in modo contrario a come desidera il cuore.

Non perchè si è diventati buonini buonini come lupo de lupis o abbiamo perso interesse per la materialità, ma perchè ci si è completamente spostati su un'altra frequenza.

I recettori interessati alla nuova vibrazione si moltiplicano mentre gli altri, condizionati dall'ego, tendono a *spassionarsi* in modo indolore.

Finchè si vorrà forzare questo processo proteggendosi dal richiamo dell'anima, ci sarà destabilizzazione e perdita di energia, perchè andremo contro flusso invece di lasciarci trasportare agevolando la corrente naturale.

Ognuno ha il suo *proprio modo* e l'individuale via per arrivare, o meglio, per mettersi sulla strada più comoda e panoramica sulla quale procedere in comunione con il Tutto.

Questo concetto mi sembrava già chiaro e percorso da tanto tempo, ma ovviamente sperimentare e comprendere non vuol dire *essere*.

Il click è talmente minuto che "il come" è uno solo: lasciare che accada.

Devosolorendermicontochesonogiàdentro.Automaticamente "sono".

E così si entra in un universo animato, dove tutto davvero vibra e condivide. Dove anche le lenzuola sono vive...

Perchè chissà su quale terreno del mondo è stato piantato il seme di cotone che col suo ritmo avrà germogliato svettando come pianta e poi cantando al sole come fiore.

E sarà stato raccolto chissà in che modo e da chi. E quante mani l'hanno toccato, con cui ha scambiato/sommato energia, prima di diventare filo, telo, stoffa, e chi lo avrà cucito, imballato, spedito per diventare il nostro personale, fresco, profumato e accogliente lenzuolo.

E il piatto che ci serve in ogni senso ogni giorno? Sì proprio quell'indispensabile e socievole disco che sostiene e ci porge tutti i nostri pranzi e cene.

All'origine è terra raccolta nei fiumi (e in quale fiume, in quale forno, e chi ha impastato, colorato, imballato, consegnato?) o per la porcellana è stato usato caolino un tipo di argilla più pregiata. In tutti i casi è, o è stato in qualche epoca, un *qualcosa* con un dna, dunque vivo. Se è stato vivo ha memoria (energetica) del suo passato e pertanto ancora vede/capta/sente attraverso quella stessa energia, e non è azzardato dire che vive anche nel presente.

Anche se il tempo e lo spazio li conosciamo solo per quello che percepiamo e abbiamo codificato fino a quest'epoca, da *sempre* non ci sono dubbi che ogni vibrazione abbia un livello che si fonde con un unico ritmo universale, che ne siamo consapevoli o meno, che questa vibrazione sia stata ufficialmente codificata o sia visibile o meno.

Quindi accettare e accogliere l'interazione a ogni livello con le energie, con ogni e qualsiasi essere esistente (minerale, vegetale, animale e in ogni spazio tempo che è sempre un eterno adesso), è per sciamani primitivi tanto quanto per scienziati postmoderni, che con percorsi e motivazioni opposte sono giunti tutti alle stesse evidenze e conclusioni.

E mentre tu lo riempi il tuo piatto, e lo scotti e lo pulisci col pane e... lo ignori, lui c'è. In una forma e vibrazione differente da te ma pulsa esistendo come energia viva inserita nel Tutto continuum.

Questa interazione con tutto, ma proprio tutto, è emozionante e dà il capogiro tanto è sconfinata e rispondente. Il pianeta letteralmente palpita in ogni suo atomo.

Ho'oponopono lavora su tutti i nostri mondi e livelli, quelli che conosciamo e quelli che siamo preposti o disposti a vedere (o accettare) e con cui possiamo potentemente interagire.

Pulire e lasciar fluire con la responsabilità al 100%, insieme alla non aspettativa, è la chiave dell'allenamento all'allineamento. Il Grande Disegno, quel progetto universale che carbura ad Amore è comunque sempre nel giusto.

Il Grande Disegno che ci contiene è sempre allineato alla sua missione globale, anche con la nostra collaborazione, e *anche* quando noi piccoli e volenterosi eroi non solo non capiamo ma probabilmente è una faccenda che non la dobbiamo capire sulla terra. Qui dobbiamo esistere (mi piace pensare *scegliamo* di) per sgrezzare le nostre piccolezze e crescere di livello, con le nostre forze.

Ormai abbiamo migliaia di modelli tradizionali di fede ma come constatiamo in ogni esplorazione spirituale il fine è il modo, ed è sempre lo stesso: l'Amore.

Quell'Amore che tutto sa e che tutto riesce a coordinare oltre ogni nostro limitato ragionamento.

Prendendo confidenza un po' ogni giorno, prima per gioco poi per curiosità, poi per constatare e coordinare, i sensi si acutizzano.

Tutto parla e si manifesta. Dobbiamo solo porci in ascolto, in un ricettivo silenzio.

Ho sempre pensato che chi riceve segnali in qualche modo comunque li filtri e li interpreti, quindi mi viene facile pensare che sono i segni che si auto personalizzano.

C'è chi vede Gesù, i Santi, Buddha, gli Angeli, ma anche gli animali guida o semplicemente le coincidenze che ormai è chiaro non sono mai (e poi mai) un "caso".

E' tutto perfetto, non ci sono errori.

Semplicemente l'energia si traveste per essere accettata nella forma che il canale umano può sostenere e trovare credibile per suo proprio eco di memorie.

Conosco persone di "bassa" sensibilità che hanno vivide sensazioni e contatti, e alcune li rifuggono perchè ne hanno paura. Qui è difficile farsi un'idea. Perchè questi doni a gente che non vorrebbe e magari con pochi "meriti" spirituali.

Questo lo metto nella dimensione "Sia fatta la tua volontà". Per me questa frase non è (più) un accomodamento per far quadrare il tutto della fede. E' che il famoso Disegno ha qualcosa che per noi è (o deve essere) incomprensibile.

Come la morte di una sorella che non troverebbe requie.

Se mi irrigidisco in quello che non capisco, o non accetto, ("l'energia va dove si dirige l'attenzione" 3° principio Huna) tutti i livelli perdono quota. E' stato così da sempre, è stato il maggior impedimento mio al flusso.

Anche ricercare e mettere il naso e il fiato in ogni filosofia possibile *non è un lavoro personale*, ma è utile. Ma finchè si cerca, si indaga e si riflette non c'è spazio nè per fluire nè per il Vuoto.

Comunque questo lungo giro dentro/fuori/dentro è estremamente necessario, non arriveremmo mai senza sperimentare, inciampare e ripartire verso la via della semplificazione. Anzi dobbiamo proprio sovraccaricarci giusto per constatare che ogni domanda porta milioni di risposte che pongono altri bilioni di domande.

É come quando si sta male, certo non è necessario, ma chi più chi meno ha fatto decise immersioni nel *male* (quello auto procurato e quello consentito agli altri di farci) e nell'amarezza.

Chi ha a cuore se stesso dopo un lunga serie di tentativi difficili e dolorosi arriva a comprendere che la via più semplice ed efficace è quella da cui si era partiti da bambini... E ai bambini è facile essere magici cominciando dall'amico immaginario che quasi tutti noi abbiamo avuto. Ma era proprio immaginario?

Io adesso sono in questa condizione, completamente immersa nella faccenda, inclusa quella di aver creato dalle mie vocazioni interiori il mio lavoro, che mi è giunto per "inevitabilità di altro percorso" emanato dal cuore connesso al Tutto.

La mia mente (o il mio Angelo?) sempre di più, sempre per più tempo, mi ha portato ad esserci "attraverso", non solo fuori o solo dentro. Non ho più paura.

Momenti di intensa gioia, ogni giorno, arrivano dai più piccoli particolari, perchè comprendo (prendo dentro, così sotto come sopra) ogni essere esistente, perchè interagisco con ogni cosa, perchè ascolto i rumori e li attendo, perchè mi sento "in", immersa e intessuta alla rete che collega tutto.

Se mi avessero detto che sarei arrivata a vivere continuativamente questa gioia interiore non ci avrei mai creduto, lo avrei considerato troppo difficile.

La pace e la gioia insieme, insieme all'amore per ogni essere, a una professione che mi dà la vita, a un compagno gemello, al vedere sempre più chiaramente l'aspetto reale e migliorabile dell'intero sistema.

Io puntavo molto alla saggezza e alla serenità, come i biglietti di natalizi di una volta, che mi sembravano così saggiamente educati, rossi ma con la scritta d'oro in un tranquillizzante "per un Sereno Natale".

Insomma già arrivare a starmene in pace senza destabilizzazioni date soprattutto dalla mia mente in fuga sarebbe stato per me un traguardo con i fiocchi. Mi è stata data la gioia del cuore!

Ed eccomi qui in interazione, e anche a disposizione, del Tutto per merito di un infinito sterrato il cui passaggio più duro è durato 8 anni, un rally che si è fatto sempre più preciso finchè non c'era più margine per la razionalità.

Ho aperto gli occhi e collegato tutto al Tutto.

Sia fatta la tua volontà, io sono qui per Amore di servizio al servizio dell'Amore tanto quanto al servizio e al timone di me.

Con sempre più Amore.

Grazie Luisa.

9

L'ho già detto ma lo ripeto: solo quest'anno mi sento davvero pronta ad accogliere il disegno del Tutto. Sono passati 8 anni dalla sua partenza (2003 2011). Il 3, l'8 e l'11 sono i numeri preferiti di Luisa, tutto fluisce.

Grazie di essere stata il tramite di questa Grazia, piccola immensa sorellina mia.

Luisa ha sempre accolto e raccolto angeli. Io non ho mai avuto una vera "passione" verso l'angelo, neanche come oggetto. Li ho sempre ammirati a livello simbolico, artistico e popolare o come ultimo rifugio delle mie crisi esistenziali, ma tendenzialmente mi pareva di star cercando qualcosa di diverso, meno tradizionale e ovvio, e più inesplorato.

Riguardo gli angeli non avevo mai approfondito neanche con Luisa a parte giochi, fantasie o preghiere ma sempre a modo mio, con quello che captavo nella mia modalità condizionata di fede.

Comunque l'idea vera e profonda della vicinanza/interazione con il proprio angelo custode non era mai riuscita a oltrepassare in modo continuativo la mia pur volenterosa razionalità. Ho sempre raccolto quadri, piccole statue e simboli religiosi esoterici di ogni fede per passione, per montare su gioielli e per arredamenti energetici ma non ho mai acquistato o posizionato tra loro la figura di un angelo come spirito da me riconosciuto. E quelli che mi regalavano, finchè era in vita, li davo a Luisa che li collezionava da sempre insieme alle sue amate tartarughe e civette.

Il 28 dicembre 2011 ritornata in Romagna, come suggerito da questa interessante sezione sugli angeli di viviamo in positivo, hofatto spazio in uno scaffale alle mie spalle e ho predisposto il mio piccolo altare all'angelo custode, a interazione con me e a protezione della mia postazione di lavoro e di esistenza.

Forse perchè finalmente lo sento come un amico compagno e presenza tangibile, come un nunzio tramite dell'Immenso, con una modalità che non comprendo in pieno ma la porta si è aperta e io desidero accedere, accogliere ed esplorare oltre.

Come contattare l'Alleato Celeste?

Divina presenza in me, possa la tua saggezza dirigere le mie azione, il tuo amore guidare i miei pensieri, la tua luce illuminare il mio cammino. Avvolgimi nella tua radiosa presenza ora e sempre. Amen.

Uomini e Angeli sono divisi ma uniti, vivono in mondi paralleli e complementari: questi esseri di luce, che crediamo tanto lontani, in realtà ci sono molto vicini.

Scrisse sant'Agostino, uno dei grandi Dottori della Chiesa, vissuto nel V secolo: "Di ogni cosa visibile in questo mondo si occupa un Angelo".

Gli Angeli sono spirito, ma non è il fatto di essere spiriti a renderli Angeli. Divengono Angeli quando vengono mandati. Il nome Angelo, infatti, si riferisce alla loro funzione, non alla loro natura. Se chiedete il nome di questa natura, allora è spirito; se chiedete il loro ruolo, allora è quello di Angelo, che vuol dire messaggero.

Ogni individuo - credente o ateo, buono o cattivo che sia - ha accanto un'entità invisibile, di natura spirituale, dotata di eccezionale intelligenza e di straordinari poteri, perché porta in sé una parte dell'energia divina che anima la creazione e che viene messa a disposizione del suo protetto.

Gli Angeli possono entrare in contatto con gli uomini sotto svariate forme e diversi modi: generalmente lo fanno fornendo l'idea giusta per la soluzione di un problema, l'ispirazione per un'opera d'arte o la scelta di un comportamento. Assai raramente si presentano sotto le vesti di persone comuni o come figure di luce.

Cerchiamo ora di capire qual è la natura e quali sono le caratteristiche del nostro rapporto con l'Angelo custode. Per cominciare, sembra proprio che la sua presenza e la sua assistenza non siano qualcosa in più, qualcosa di cui si possa, volendo, fare anche a meno.

Nella sua autobiografia Carl Gustav Jung afferma di aver rilevato, attraverso l'esame di migliaia di pazienti assistiti nella sua lunga carriera di psicologo, che oltre il novanta per cento della sofferenza psicologica è imputabile a carenze spirituali.

Non è vero dunque che i beni materiali, la ricchezza e il successo riempiano la vita; per essere veramente e intimamente felice l'uomo ha bisogno di ben altro, ha bisogno del pane dello spirito.

Lo afferma anche Gesù: *"Cercate prima il regno e la giustizia di Dio e tutte le altre cose vi saranno date in sovrappiù"*. (Matteo 7:33).

Disse una volta Albert Einstein: "Ogni essere umano è parte di un insieme chiamato Universo. Egli sperimenta i suoi pensieri e i suoi sentimenti come qualche cosa di separato dal resto: una specie di illusione ottica della coscienza. Un'illusione che diventa una prigione. Pertanto, per vivere sereni, dobbiamo cercare di liberare noi stessi da questa prigione allargando il nostro circolo di comprensione e conoscenza, sino a includervi tutte le creature viventi e la natura intera nella sua bellezza".

La svolta culturale del nostro secolo, avviata da Einstein con la scoperta del principio di relatività, ha mostrato come ciascuno di noi non è affatto isolato dagli altri, ma è parte indispensabile dell'umanità, che si può considerare come il corpo vivente composto da "miliardi di cellule", ovvero quanti sono gli esseri umani.

Tornando all'Angelo custode, abbiamo visto che è un messaggero della divinità: suo compito principale è quello di creare un ponte con Dio e di indicare all'individuo, pur nel rispetto della sua libertà, la strada che conduce alla Divinità.

Egli, passo, passo, segue l'uomo nella sua esistenza, lo guida, lo illumina e lo protegge nelle avversità.

Molti sostengono che la vera funzione dell'Angelo, più che protettiva nelle piccole e grandi difficoltà della vita, debba essere illuminante: l'Angelo cioè rappresenterebbe per l'uomo una guida spirituale, che lo indirizza in senso morale e lo aiuta nella sua evoluzione spirituale.

In una lunga spirale di perfezionamento progressivo, secondo una creazione che continua incessantemente in tutto l'Universo.

Alcune utili indicazioni

Se noi non riusciamo a "essere", cioè a essere noi stessi, genuini, disponibili verso gli altri e aperti al mondo, è assurdo pensare di entrare in contatto con i Mondi Spirituali.

Per questo è importante anche lo stile di vita. Non solo quando tentiamo di metterci in comunicazione con gli Angeli, ma in ogni momento dobbiamo cercare di essere padroni di noi stessi, delle nostre emozioni, dei nostri impulsi.

Dovremmo riuscire a ritagliare in ogni nostra giornata, per quanto è possibile, lunghi momenti di tranquillità, di rilassamento; coltivare il silenzio, soprattutto quello interiore.

Dovremmo riuscire a essere più disinteressati e non dimenticare mai che siamo l'infinitesima parte di una realtà collettiva e unitaria chiamata umanità e che ci realizziamo pienamente come individui solo quando siamo in relazione con gli altri e soprattutto quando operiamo in favore degli altri senza aspettarci nulla da loro.

Ottima cosa sarebbe quindi, quando ci si rivolge all'Angelo, pregare anche per il "prossimo" e per le sue necessità.

Un modo, estremamente importante, per comunicare con l'Angelo è la preghiera, una preghiera espressamente concepita per lui e a lui indirizzata.

Per cominciare, ricordiamo la famosa preghiera della Chiesa cattolica "Angelo di Dio, che sei il mio custode", che i più hanno appreso sin dalla prima infanzia e che poi forse hanno finito col dimenticare.

Ma vi sono tantissime altre preghiere, formulate da varie e antichissime tradizioni, indirizzate ad Angeli diversi e riferite ai differenti bisogni e circostanze della vita.

Le preghiere spontanee sono di certo migliori, innanzitutto perché sgorgano dal cuore e poi perché in esse appare una forte partecipazione che si spinge oltre ogni formula standardizzata. Non importa se le parole appaiono inadeguate, le richieste banali e le espressioni ripetitive: ciò che conta è che nella preghiera si ponga se stessi, la propria mente ed il proprio cuore.

Va chiarito a questo punto che il culto dell'Angelo custode è qualcosa di assolutamente diverso dal culto verso la Divinità, quale che sia la religione praticata; l'Angelo è un amico, una guida che l'Essere supremo ha posto accanto all'individuo, per aiutarlo nella sua vita quotidiana; con lui quindi vi è un rapporto di fraterna amicizia.

E' proprio in quest'ottica cameratesca, che occorre muoversi, con l'intento di dimostrare all'Angelo i più sinceri e profondi sentimenti, nella convinzione che tutto ciò renderà più facile lavorare con Lui.

L'utilità di un gruppo di preghiera

Molti ritengono opportuno organizzare degli incontri di gruppo (costituiti in genere da poche persone), con l'intento di meditare e pregare. Questi atti, condotti in comune, producono quantità eccezionali di energia e aiutano ciascuno dei partecipanti a procedere sul cammino del miglioramento e della consapevolezza.

Le riunioni possono essere anche di breve durata: quello che conta è l'intenzione e l'intensità della partecipazione.

I componenti del gruppo si dovrebbero consultare preliminarmente per accordarsi sullo scopo (iniziative, finalità generali, situazioni, persone) verso cui indirizzare il flusso di energia che verrà prodotto.

Nella riunione si procederà raccogliendosi in silenzioso raccoglimento o meditazione; verranno poi rivolte le preghiere e le richieste di intervento. Per terminare è bene recitare una preghiera di chiusura.

Perché non approntare un piccolo altare?

Gli antichi professavano un fervido culto verso i Lari o Penati, sorta di divinità domestiche, che seguivano e guidavano la famiglia in ogni momento dell'esistenza: erano l'equivalente dei nostri Angeli di oggi.

Anche i nostri antenati veneravano questi esseri protettori: a essi riservavano un piccolo altare in un angolo della casa, elevavano preghiere al mattino e alla sera, brindavano durante i pasti, offrivano primizie di frutta e fiori.

In occasione di un trasloco, dopo aver purificato il nuovo alloggio, la prima cosa che veniva sistemata con grande solennità era appunto l'altare domestico.

Una reminiscenza di questi riti antichi è presente ancora oggi tra noi, anche se si è perduta la consapevolezza originaria: quando i muratori, impegnati nella costruzione di una nuova casa, sono giunti a completare il tetto, celebrano l'avvenimento issandovi dei rami d'albero o una bandiera, versando del vino da un fiasco e infine brindando.

Cambiano i simboli, ma il significato è sempre quello: consacrare il nuovo edificio, invocando la benedizione su esso e su quanti andranno ad abitarlo.

Le diverse tradizioni concordano nell'affermare che queste creature celesti amano sentirsi ospitate presso gli uomini di cui hanno responsabilità.

Per questo è opportuno preoccuparsi di riservare all'interno della casa un luogo destinato al proprio Angelo e solo a lui. E' sufficiente uno spazio, anche piccolissimo, dove collocare un piccolo altare, vi potremmo porre un'immagine che in qualche modo evochi l'essenza Angelica. Ciò risulta gradito all'Angelo ed utile per la nostra concentrazione.

Può essere sufficiente anche una pianta, o un semplice fiore, che si avrà cura di sostituire ogni giorno, in modo che sia sempre fresco; indipendentemente da cosa si sceglie, l'importante è che sia chiara l'intenzione di dedicarlo all'Angelo.

Anche il semplice pensiero che un determinato luogo della casa è dedicato a Lui basterà per segnalargli la nostra disponibilità, il nostro amore e il nostro desiderio di lavorare con Lui.

Ed Egli, di certo, non deluderà le nostre aspettative.

Al mattino prima di iniziare la giornata, ed alla sera prima di coricarsi occorre sostare brevemente dinanzi al Suo angolo, elevandogli una preghiera e pensandolo intensamente.

In quell'occasione, volendolo, è possibile anche accendere dell'incenso benedetto[2] o una candela, come simbolo della propria intenzione.

In rapporto all'intensità della partecipazione e al fervore della preghiera si creerà un flusso di energia positiva tra l'Angelo e chi lo invoca, e questa energia potrà essere riversata, secondo i propri desideri, su se stessi o, meglio ancora, sulle persone che stanno a cuore o che si ritiene ne abbiano maggiore bisogno.

La "disidentificazione"

Beati i puri di cuore, perché essi vedranno Dio.
Matteo 5,8.

La prima cosa da fare, per una vita migliore, è quella che il grande saggio indiano Krishnamurti ha chiamato "disidentificazione".

Praticamente in ogni momento della vita, la nostra mente è occupata da mille pensieri, sostenuti da fantasie, sentimenti, sensazioni. A volte sono pensieri che ci gratificano e che sollecitano il nostro narcisismo, per esempio quando riteniamo di essere i più bravi, più belli, più intelligenti, e che il mondo non possa fare a meno di noi.

Altre volte si tratta di pensieri negativi, che derivano da un eccessivo attaccamento alle cose, da una esagerata importanza attribuita ai nostri impegni quotidiani, ma possono essere anche dovuti a timori, preoccupazioni, angosce, problemi di salute: tutte cose che ci tolgono la serenità.

---

2 Suggerisco a chi desidera bruciare dell'incenso, di usare quello in grani oppure i bastoncini di sandalo. Sconsiglio tutte le altre forme di incenso in quanto, non essendo puro, produce delle vibrazioni assi basse e pertanto altamente sconsigliabili.

Talvolta il nostro essere è anche coinvolto in realtà che non ci appartengono, che provengono dall'esterno, magari banalità, che però ci invadono, ci infiacchiscono e ci involgariscono: accade sempre più spesso a chi, per esempio, è succube della televisione o dei videogiochi.

Ebbene, tutti questi elementi sono altrettanti ostacoli che disponiamo attorno a noi e che, oltre ad alterare e mortificare il nostro "sé" più autentico, impediscono ogni avvicinamento e ogni contatto con altre dimensioni.

L'antidoto a tutto ciò è la disidentificazione, un'operazione al tempo stesso semplice e complessa.

Nell'arco della nostra attività quotidiana dobbiamo riuscire a trovare un momento, anche solo di un quarto d'ora (magari alla fine della giornata), in cui, per così dire, spegniamo gli interruttori, stacchiamo gli innumerevoli fili che ci legano alla realtà circostante e riusciamo a ritrovare noi stessi, gli aspetti più veri del nostro io: è il momento della meditazione, di cui appunto la disidentificazione costituisce la premessa.

Occorre cercare un luogo appartato, silenzioso, immerso nella penombra, dove raccogliersi in solitudine; è un silenzio esteriore, che tuttavia concilia in modo profondo quello interiore.

Diceva a tal proposito Gesù:
"Quando preghi, entra nella tua cameretta e chiusa la porta, prega il Padre tuo nel segreto. E il Padre tuo che vede nel segreto ti ricompenserà." (Matteo 6:6).

Bisogna sedersi in posizione comoda, col busto eretto ma coi muscoli rilassati, senza tensioni, perché il disagio del corpo finisce per soverchiare e distogliere la nostra mente.

Una posizione comoda, ma non abbandonata, perché altrimenti si spegne l'attenzione e sopravvengono pigrizia e sonnolenza.

I piedi saranno saldamente appoggiati sul pavimento, per raccogliere le forze che provengono dalla terra ed il busto sarà in posizione eretta, perché la verticalità favorisce la canalizzazione delle energie da e verso l'alto.

Con gli occhi chiusi ascolteremo il nostro respiro; la nostra mente, come normalmente accade, sarà attraversata da mille pensieri: noi non ci legheremo a nessuno di essi, li lasceremo entrare e uscire, scivolare via come la corrente di un placido fiume.

In questa atmosfera, i nodi e le tensioni che sono dentro di noi, che ci condizionano e ci opprimono se ne andranno uno a uno, come foglie trascinate da quel fiume.

Poco alla volta in noi si formeranno degli spazi vuoti che tenderanno ad ampliarsi sempre più, degli spazi di tranquillità e di pace, simili a piccoli laghi di acqua chiara.

Ecco, siamo riusciti a fermare il lavorio incessante della mente, ad espellere le preoccupazioni.

Ora siamo come dei vasi di cristallo, accuratamente svuotati e ripuliti e pronti a essere riempiti da una nuova linfa, da un'acqua di vita che qualcuno verserà.

E' il momento in cui abbiamo la predisposizione a conoscere altre realtà o recitare una preghiera con tutto il nostro cuore.

www.viviamoinpositivo.org/angeli/index_fr.htm

10

Luisa era una ragazza normale come moltissime altre anche se mi viene voglia di santificarla o mitizzarla, come spesso accade con chi adori e se ne va.

Alla partenza dei nostri cari quasi subito ci si immerge nella tessitura di quegli apprezzamenti che in vita ci siamo spesso dimenticati di notare e ringraziarne abbastanza.

Io con lei posso essere meno obiettiva di altri, anche perchè lei riguarda la *mia* vita oltre che il mio sangue, ma la mia razionalità mi fa esprimere stando sempre un passo indietro perchè ho sempre vigile il pensiero che potrebbe anche essere un abbaglio (cosa che nello spirito se si esagera nel trattenere, è ciò che impedisce di lasciarsi illuminare...).

Luisa amava cantare, una voce splendida, cantava bene Giorgia e tutta la musica italiana. Aveva una passione per l'arcobaleno e per Marco Columbro.

Le piaceva ballare e saltare, da piccola era sempre arrampicata sugli alberi; trascorreva molto tempo a disegnare, a usare i colori, a mangiare tazzine di zucchero col cucchiaino e bere di *nascosto* l'aceto, un sapore che apprezzava molto. Evidentemente usava bene i due emisferi perchè dall'altro lato era sintonizzata bene sulla matematica e sulle materie tecniche e mnemoniche (scienze, geografia).

Era naturalmente elegante, un viso perfetto su un fisico splendido.

Aveva la raffinatezza della francesina e il rigore sexy intellettual chic di un'inglese, oppure jeans, camicia bianca, superga, cerchi alle orecchie, era sempre perfetta. Da sempre quando stava bene, o era innamorata, era radiosa e viva, quando si deprimeva non si guardava allo specchio, veramente anche troppo poco. Aveva bisogno di un motivo che non fosse lei stessa per esistere.

Amava il Galles, il Canada, Parigi, il Vermont, Van Gogh (notte stellata il suo top), la mozzarella di bufala, le sue enormi insalate con l'aceto, e i gelati. Era esperta da molto tempo di fiori di Bach, di cristalli e pietre, si interessava di astrologia e esoterismo, aveva una collezione di carte divinatorie di tutti i tipi, anche prese da riviste con le istruzioni strappate dal giornale e poi arrotolate attorno (ne ho conservato una grande borsa piena).

Nelle sue immaginazioni avrebbe voluto imparare a suonare il pianoforte e si sarebbe piaciuta vedersi a cavallo, animale che amava tanto quanto i gatti ma era un budget e un impegno di tempi che i nostri genitori ritenevano di non potersi permettere. Si accontentò del tennis per qualche anno. Da sempre una fan di Gesù e di una impressionante sfilza di santi di cui andava a cercare le biografie e con cui allargava il raggio della sua preghiera.

Era perennemente in uno sforzo di accettazione di se stessa e delle cose che le accadevano. Era spesso tesa, ricordo anche in fatti normali, come pulire, senza altri impegni, un'insalata, la sua mascella si contraeva in spasmi. Immaginavo la sua mente lavorare fino a sfinirla, inondandola dei piccoli e grandi dolori della sua esistenza. Lei, senza un centro suo personale, si creava *contro*.

Non era quasi mai rilassata perchè dava credito alle sue preoccupazioni non tanto lamentandosi ma lasciandosene sopraffare. Per ciò sperimentava paura, solitudine, smarrimento, sensazione di essere destinata a rimanere e diventare povera, il non aver confidenza a contare su se stessa.

"I miei genitori pensano che io non mi dia da fare abbastanza.
Sto facendo del mio meglio per creare la mia indipendenza.
Spendo troppo e ho paura di restare sempre povera.
Muovendo il denaro si crea un flusso che lo riporta sempre indietro.
Tutti i soldi che spendo contribuiscono a creare benessere anche per gli altri e tutto quello che spendo torna a me moltiplicato all'infinito.
Accetto il mio aspetto fisico e ringrazio Dio per ciò che mi ha donato.
Desidero avere un uomo accanto ma ho l'ansia del contatto fisico.
Quando amo una persona desidero stringerla e coccolarla.
Sono ossessionata dalla malattia che mi ha colpito.
Mi libero dalla paura che quella malattia ha lasciato dentro di me.
Credo di non riuscire ad interessare la persona che mi sta a cuore.
Sicuramente si innamorerà perdutamente di me e deciderà di sposarsi con me entro brevissimo tempo.
Adesso che sono guarita vedo davanti a me un futuro luminoso e felice.
Quando la vita finisce si torna alla luce da cui siamo stati creati.
Attiro a me amore, benessere, pace e tutte le cose belle che ci sono nell'universo.

Attiro a me amore, benessere, pace e tutte le cose belle che ci sono nell'universo.

Attiro a me amore, benessere, pace e tutte le cose belle che ci sono nell'universo.

Attiro a me amore, benessere, pace e tutte le cose belle che ci sono nell'universo.

I pensieri positivi miei e quelli delle persone che mi vogliono bene mi proteggono.

I pensieri positivi miei e quelli delle persone che mi vogliono bene mi proteggono.

I pensieri positivi miei e quelli delle persone che mi vogliono bene mi proteggono.

I pensieri positivi miei e quelli delle persone che mi vogliono bene mi proteggono.

I pensieri positivi miei e quelli delle persone che mi vogliono bene mi proteggono.

I pensieri positivi miei e quelli delle persone che mi vogliono bene mi proteggono.

I pensieri positivi miei e quelli delle persone che mi vogliono bene mi proteggono."

(su un foglio isolato scritto tutto di seguito come lo riporto; non ho idea della data ma nella seconda parte della malattia).

Luisa era indubbiamente "predisposta" al dolore, lo si vede anche nel taglio dei suoi occhi, vagamente tristi, sempre sul punto di illuminarsi.

Ci sono suoi quaderni, era giovane dal tipo di scrittura, pieni di poesie di dolorante sensibilità da "Canzone d'autunno" di Paul Verlaine, e Ungaretti, Pascoli, Montale, fino all'ultima che è "Terra" Di Quasimodo.

Non può mancare Vincenzo Cardarelli con

Alla Morte

Morire sì,
non essere aggrediti dalla morte.
Morire persuasi
che un siffatto viaggio sia il migliore.
E in quell'ultimo istante essere allegri
come quando si contano i minuti
dell'orologio della stazione
e ognuno vale un secolo.
Poi che la morte è la sposa fedele
che subentra all'amante traditrice,
non vogliamo riceverla da intrusa,
né fuggire con lei.
Troppe volte partimmo
senza commiato!
Sul punto di varcare
in un attimo il tempo,
quando pur la memoria
di noi s'involerà,
lasciaci, o Morte, dire al mondo addio,
concedici ancora un indugio.
L'immane passo non sia
precipitoso.
Al pensier della morte repentina
il sangue mi si gela.
Morte non mi ghermire
ma da lontano annùnciati
e da amica mi prendi
come l'estrema delle mie abitudini.

Quante cose avremmo imparato insieme se fosse stata ancora fisicamente qui almeno per poco.

Ma probabilmente ora è lì che sorride conoscendo l'intero Disegno nell'ovvio che l'inferno sia solo ed esclusivamente qui.

Un inferno sostenuto dalle nostre paure, che comunque sono energie solide con cui interagiamo e ci scontriamo, facendo della vita un'angosciante e a volte sanguinosa battaglia.

Per ciò che accetto che gli angeli e i loro colleghi non ci possono dire qualcosa di chiaro in ogni momento ma solo suggerirci attenzione, e non a caso ci si mostrano soprattutto attraverso coincidenze, segni e suoni che si possono interpretare o meno.

Lo fanno lasciando intatto tutto il nostro libero arbitrio che ci farà scegliere dove vogliamo dirigerci a seconda del livello raggiunto qui, dell'energia con cui stiamo esistendo (che produciamo e materializziamo in ogni qui e ora) che si raffina in ogni "adesso".

Non possiamo avere dubbi di comprensione se siamo vicini alla missione dell'anima perchè un canale pulito attrae sempre di più il *sottile*. Che non vuol dire rinunciare a niente, anzi! E' solo uno spostamento di energie che ci eleva a un piano più potente nel trasmutare fisico e psichico verso le priorità originali.

Non avrebbe senso che loro (angeli, energie, defunti o chi pensiamo voglia comunicare con noi o che vorremmo sentire vicini) intervenissero quando vogliamo noi magari nel modo più chiaro e indubbio.

Perchè *la vita è la nostra* e da quella prospettiva sanno che abbiamo scelto di scendere ancora per "mettere le cose al posto giusto", tramite la nostra evoluzione/azione sul campo terrestre.

Ora, e parlo dell'adesso, non ho paura di nulla, perchè non trovo più nulla di cui aver paura, anzi guardo con stupore che possa avene avuta così tanta anche quando credevo di non averne più.

Ora sono in un altra "sezione" dove non semplicemente benedico ma *sono la benedizione stessa,* per prima benedetta.

Perchè sono davvero parte del Tutto. Sia fatta la tua volontà.

Questa è la cosa più complessa da spiegarmi. Non è cambiato nulla ma è cambiato tutto. Le ultime pareti sottili come pelle d'uovo si sono sciolte, quelle che inconsciamente mantenevo mentre già ero certa di averle dimenticate.

E' questo che definisco non solo "fede" ma una Grazia che è potuta entrare in me attraverso i sassolini che Luisa e altri nel sottile hanno lanciato nella mia vita come tracce da seguire.

Certo sono stata parte integrante dell'Intenzione fluendo come volenterosa allo spasmo, (e non credo sia necessario, era solo la modalità che conoscevo, e la esprimevo) ma inconsciamente agivo in modo parzialmente sterile.

Ora mi sono *trovata* e sto emanando un semplice io "sono", confermato e supportato da presenze che mi amano e mi rispettano a cui mi sento grata e mai, davvero mai, ho la sensazione d'essere *sola*.

Eccomi immensa figlia madre di me stessa, negli innumerevoli *parti* quotidiani che si susseguono da sempre. Adesso "io sono dentro" al Grande Disegno.

Applicazione della Legge del distacco

1. Oggi praticherò il distacco. Mi lascerò libero di essere quello che sono e lo stesso farò nei confronti di tutti quelli che mi circondano. Non imporrò le mie idee personali su come dovrebbero essere le cose. Non imporrò le mie soluzioni ai problemi perché così ne creerei ulteriori. Prenderò parte a tutto, ma con distacco.

2. Oggi farò dell'incertezza l'ingrediente principale della mia esperienza. La mia determinazione ad accettare l'incertezza favorirà l'emergere spontaneo delle soluzioni dai problemi, dalla confusione, dal disordine e dal caos. Quanto più le cose appariranno incerte, tanto più mi sentirò sicuro perché l'incertezza è la via alla libertà. Attraverso la saggezza dell'incertezza, troverò la mia sicurezza.

3. Entrerò nel campo delle possibilità infinite e pregusterò l'eccitazione che si prova quando si rimane aperti ad un'infinità di scelte. Nel campo delle possibilità infinite sperimenterò tutta l'allegria, l'avventura, la magia e il mistero della vita".

Applicazione alla Legge del Dare

Farò un regalo – un complimento, un fiore o una preghiera – a chiunque incontri, ovunque vada. Oggi regalerò qualcosa a tutte le persone con le quali entrerò in contatto e avvierò così quel processo che fa fluire la gioia, la ricchezza e l'abbondanza nella mia vita e in quella altrui.

Oggi accoglierò con gratitudine tutti i doni che la vita mi offre, accoglierò i doni della natura: il sole, il cinguettio degli uccelli, o le piogge primaverili o la prima neve dell'inverno.

Inoltre sarò disponibile a ricevere anche i doni degli altri, che siano oggetti, denaro, complimenti, preghiere.

Mi impegnerò a continuare a far fluire la ricchezza nella mia vita, facendo e ricevendo i doni più preziosi della vita; l'attenzione per gli altri, l'affetto, la considerazione e l'amore. Ogni volta che incontrerò una persona, le augurerò in silenzio felicità, gioia e serenità.

Dai suoi appunti in un quaderno intitolato "Preghiere agli Angeli" trascritto da "Le sette leggi spirituali del successo" di Deepak Chopra.

Questo che è il primo link che ho trovato, cercando in internet per risalire all'eventuale autore: www.ascensione.ch.

Il sito si chiama "Portale di Ascensione" sottotitolato "Dall'11.11.11 i portali sono aperti!" (11-11 è il giorno di nascita terrestre di Luisa).

"Con nostro grande stupore l'11.11.11 abbiamo ospitato sul nostro sito esattamente 888 visitatori e sono state lette 3'888 pagine.

Siamo molto GRATI alla luce per averci confermato l'allineamento, l'integrità e l'abbondanza del nostro Portale di Ascensione!!

www.ascensione.ch/un-esempio-di-numeri-maestri.html

Solo quest'anno mi sento davvero pronta ad accogliere il disegno del Tutto. Sono passati 8 anni (2003 2011). Il 3, l'8 e l'11 sono (non erano, sono) i suoi numeri preferiti.

Grazie di questa Grazia piccola immensa sorellina mia.

Tua Silvia

- Accetto la Vita e la accolgo con facilità. Tutto il bene è mio adesso.

- Lascio affettuosamente che gli altri facciano le loro esperienze. Mi curo affettuosamente di me stessa. Mi muovo agilmente attraverso la vita.

- Ho il diritto di essere me stessa. So chi sono. Mi avvicino agli altri con amore.

- Amandomi conferisco equilibrio alla mia vita. Vivo nel presente e amo ciò che sono.

- Faccio in modo che tutte le mie esperienze siano gioiose e colme di amore.

- Mi ergo liberamente. Mi amo e mi approvo. La mia vita migliora ogni giorno.

Luisa

La prima frase di questo ultimo pezzo, trovato su un pezzo di carta strappato e scritto da lei in stampatello ha cambiato - autonomamente - il nome del carattere di scrittura pre impostato del pc, da Times New Roman di tutto l'ebook in Arial. Ma voglio ancora dubitare?

Silvia Paola Mussini

Autrice, coach, blogger, esperta di Ho'oponopono e sciamanesimo del Sè, creatrice di gioielli esoterici, co-autore del libro Ho'oponopono La Pace comincia da Te, Uno Editori (2011). Da sempre una curiosa attenzione la porta a cercare gli anelli di congiunzione tra il sé spirituale e i perché dell'essere su questo piano di esistenza. Esploratrice sia del mondo fisico che di quello interiore, un mondo che definisce infinitamente più vasto e reale. Da sempre approfondisce con studi, ricerche, corsi e letture per ammorbidire, levigare, comprendere ma soprattutto per gioire, accogliere e vivere con amore, gratitudine, gioia e fiducia ogni adesso.

Scrive su www.silviapaolamussini.com, www.cerchiamo.net, www.108grani.com

Autrice di

Amore da conquistare e con cui stare (ebook, libro di carta)
www.amoredaconquistareeconcuistare.com

Il mio Ho'oponopono (ebook)
www.silviapaolamussini.com/il-mio-ho-oponopono

Cerchi d'Oro di Guarigione (visualizzazione guidata)
www.silviapaolamussini.com/cerchi-d-oro

In Forma per Sempre con Ho'oponopono (meditazione guidata)
www.dimagrireconhooponopono.com

Quarzo Ialino e Ho'oponopono (ebook) e L'Energia dei Cristalli e Ho'oponopono (intenzione guidata)
www.silviapaolamussini.com/l-energia-dei-cristalli-e-ho-oponopono

Ho'oponopono Circolare (respirazione Ho'oponopono)
www.108grani.com/hooponopono-circolare

Non datemi consigli (ebook)
www.silviapaolamussini.com/nondatemiconsigli

Autrice insieme a Sandro Flora di

Mana Rinasco dalla mia Forza (meditazione guidata)
www.108grani.com/mana

RespiroPono (respirazione guidata del mantra Ho'oponopono)
www.respiropono.com

Faccio Pace con Me (meditazione guidata Ho'oponopono del Bambino Interiore)
www.facciopaceconme.com

Lascio andare i problemi (meditazione guidata Ho'oponopono)
www.108grani.com/lascio-andare-i-problemi-con-hooponopono

Apri e Crea il luogo del tuo Potere (visualizzazione guidata)
www.108grani.com/apri-e-crea-il-luogo-del-tuo-potere

Meditazione del Bosco Interiore (visualizzazione guidata)
www.108grani.com/meditazione-del-bosco-interiore

Uno nell'Uno (sessione guidata di esercizi per l'armonia della coppia e delle relazioni)
unonelluno.com

Mantra Ho'oponopono (audio video mantra Ho'oponopono)
www.108grani.com/mantra-ho-oponopono